文系学生向け

'26年版

SPI

速習 問題集

JN016040

成美堂出版

はじめに―算数の基礎から

まずは、算数の基礎の基礎からスタート

　本書は、算数・数学から長く離れている主に文系の方たちに向けた、スピーディーにSPI3対策ができるコンパクトな問題集です。

　これから就活に取り組む学生のみなさんは、企業研究、自己分析、エントリーシート、面接対策、SPI3などの適性検査対策と多くのタスクをこなさなくてはならず、ときに途方に暮れることもあるかもしれません。

　とくに、SPI3に代表される能力検査の1つ、非言語分野は、ハードルが高く感じることもあるでしょう。書店でSPI3の対策問題集を手に取ってみて、数字の多さに辟易しているかもしれません。本書はそのような、しばらく算数や数学の問題から離れていた方、そもそも算数や数学は苦手という方に向けて、基礎の基礎から丁寧に解説した問題集です。計算が嫌いという方に向けて、少しでも計算がしやすくなるような工夫についても解説しています。

　SPI3は時間との戦いです。短時間でさまざまな問題に正解しなければなりません。最も時間のかかる作業の一つが計算ですから、計算力をつけておくことはSPI3攻略には不可欠です。

　数字は日常の中にあふれています。代表的なものがお金です。買い物をしても、電車やバスに乗っても、支払いをするときには数字が関わります。ところが、最近は、買い物の合計額を店側から言われるままにキャッシュレスで支払ったり、運賃は電子マネーをタッチするだけで料金の確認すらしなかったりということも珍しくないでしょう。それ以外の日常的な計算も電卓やスマホに頼って、自ら筆算や暗算をする機会が減っています。

　そのような状況の中、1桁の掛け算である九九もスムーズに出てこないという事態に陥ってはいませんか？　九九を暗唱してみて少しでも躓いたら要注意です。そんなことはすぐに思い出せるから心配ないと楽観しないことです。小学生の時は楽にそらんじることができた九九を少しでも言いよどむということは、それだけ計算力が錆びついている証拠です。まずはその錆落としから始めましょう。

SPI3を攻略!

さらに九九の掛け算だけではなく、その逆もできるようにしておくといいでしょう。例えば、「4×9＝36」だけではなく、「36＝4×9」「36＝6×6」「36＝12×3」「36＝18×2」など、いくつもの掛け算に直せるようにしておくと、何かと便利です。

また、日常的に使うお金の計算もできるだけ暗算するようにしましょう。同じ商品を2個買ったときの合計額、2人で食事して割り勘にするときの1人分の支払い額、20％引き商品の値段、消費税抜きの価格表示の商品の税込み価格など、できるだけ暗算する習慣を身につけておくことをお勧めします(数字が細かいとき、例えば398円なら400円ときりのいい数字にして計算してもOKです)。

このような日ごろの心掛けが、SPI3の非言語分野攻略におおいに役立ちます。錆びついたままでは、思うように頭は回転してくれません。しっかり錆落としをして、さらに油をさす感覚で計算力を鍛えていきましょう。

3種類のSPI3の出題傾向に対応

本書では、計算の基礎に重点を置いていますが、実際のSPI3の傾向に即した問題を精選して掲載しています。SPI3は大別するとペーパーテスティング、テストセンター、WEBテスティングの3方式があります。出題の傾向も形式も異なりますが、本書ではすべてのタイプに即した問題を扱っています。出題形式は、ペーパーテスティングではマークシートの択一式、選択肢の数は言語能力問題では5〜6、非言語能力問題では主に8〜10あります(本書の非言語問題は誌面の都合上、選択肢を概ね6つ程度としています)。テストセンターは概ね択一式ですが、一部複数回答の問題もあります。WEBテスティングは、言語能力問題はほぼ択一式ですが、一部入力式もあります。非言語能力問題はほぼ入力式で、一部択一式もあります(詳しくはP.6参照)。

ぜひ、本書でSPI3の基礎固めと実戦的な問題の解き方をマスターしてください。さらに多くの問題に取り組みたい方は、小社刊『最新最強のSPIクリア問題集』に挑戦してください。

SPI3の攻略と本書の使い方

SPI3の攻略のしかた

　算数・数学から長く離れている方が注力するべき非言語分野には、計算が絡む数的処理の問題と、論理的に解を導く推論の問題があります。推論の問題は多くの方にとっていままでなじみがなかった問題ですからスタート時点での差はあまりないでしょう。一方、数的処理の問題は、算数・数学が得意な人とそうでない人とでは解答するのにかかる時間に大きい差があり、正答率も違いが出やすい分野です。

　数的処理の問題を解く上でのポイントはつぎの2点です。

> **1 情報を整理して式を立てる**
> **2 式を計算する**

1 情報を整理して式を立てる

　問題は文章（一部は表も）で出題されますから、そこに示された情報を整理して式にする必要があります。SPI3の数的処理の問題はせいぜい中学レベルですから、それほど難しいものではありませんが、かけられる時間が極めて短いのがネックです。

　攻略するためには、解法や公式をしっかり覚えて、素早く式がつくれるようになることが大切です。情報を整理するときに簡単な表をつくってそこに数字を当てはめていくことで、自動的に式がつくれることもあります。その手順が機械的に素早くできるようになれば、解答にかかる時間を大幅に短縮することができます。

2 式を計算する

　計算は単純な作業ですが、個人差が非常に大きい作業でもあります。本書の第1章では、さまざまな計算の仕方の解説だけでなく、短時間で解答するための計算の工夫や暗算の仕方などを解説しました。練習問題もありますから、「正しく」「速く」計算ができるように訓練してください。計算力を鍛えることは、SPI3攻略の第一歩です。

について

　なお、SPI 3 の中でも、WEBテスティングは電卓が使用できます。とはいえ、いちいち電卓を使っていたら逆に時間がかかることもありますので、単純な計算は筆算・暗算で、複雑な計算だけ電卓に頼るようにしてください。また電卓を使い慣れていないとうっかり間違えることもありますから、本書P.19〜20を参考に電卓を使いこなしておきましょう。

本書の使い方

第1章 「算数・数学のおさらい」

　計算の仕方を忘れている方はもちろん、計算はできるけど時間がかかるという方も、0から始めるつもりで、取り組みましょう

第2章 「非言語能力問題」

　各単元は、〈例題〉➡〈解説〉、〈練習問題〉➡〈解説〉で構成されています。まず、〈例題〉を解いてみましょう。解けても解けなくても解説をしっかり読んで、解法や公式を理解しましょう。つぎに練習問題で理解を深め、解法や公式を確実に習得し、また応用度の高い問題にも対応できるよう習熟していってください。

第3章 「言語能力問題」

　言語分野は、非言語分野に比べると簡単そうに思えますが、問題に慣れていないと時間がかかることもあります。出題傾向をしっかり把握しておきましょう。

> 第2章・第3章では、問題ごとにペーパーテスティング、テストセンター、WEBテスティングの3方式のどれで出題されている問題であるかを明記していますので、それぞれの出題傾向にも慣れておきましょう。次ページに3方式の相違点と出題範囲を示しておきます。

第4章 「性格検査」

　性格検査は能力検査のように事前に多くの時間をかけて準備するものではありませんが、どのようなものなのか把握しておく必要はあります。概要を理解するのに役立ててください。

[表1] SPI3方式の相違点

	ペーパーテスティング	テストセンター	WEBテスティング
実施場所	会社内・特設会場など	テストセンター会場	自宅など
試験形態	紙での筆記	パソコン操作	パソコン操作
解答方法	マークシートの択一式	択一式、入力式、複数選択	択一式、入力式
問題数	言語40問／非言語30問	不定	不定
時間制限 （全体）	あり （言語30分／非言語40分）	あり （言語約15分／非言語約20分）	あり （言語約15分／非言語約20分）
時間制限 （各問）	なし	あり	あり
解答順序	自由	制約あり	制約あり
電卓使用	不可	不可	可

[表2] 出題範囲：非言語分野

	ペーパーテスティング	テストセンター	WEBテスティング
整数問題	×	×	○
平均・等分・清算	○（清算）	○（清算）	○（平均・等分）
単価・個数・総額	○	○	○
割合・比・仕事算	○（仕事算）	○（仕事算）	○（割合・比）
料金の割引	○	○	○
損益算	○	○	○
速さ・時間・距離	○	○	○
場合の数	○	○	○
確率	○	○	○
集合	○	○	○
図表の読み取り	○	○	○
資料の読み取り	○	○	○
推論―順序	○	○	○
推論―対応関係	○	○	○
推論―内訳	○	○	○
推論―命題の正誤	○	○	△
推論―その他	○	○	○
グラフの領域	○	×	×
ブラックボックス	○	×	×
物の流れと比率	○	×	×
決定条件の推論	×	×	○
長文の読み取り※	×	○	×

※長文の読み取り…本書では扱っていません。

[表3] 出題範囲：言語分野

	ペーパーテスティング	テストセンター	WEBテスティング
熟語の成り立ち	×	×	○
二語関係	○	○	×
語句の用法	○	○	×
語句の意味	○	○	×
短文の穴埋め	○	○	×
空欄補充―語句	○	○	○
空欄補充―文	○	○	○
文節整序	×	○	○
三文完成	×	×	○
長文総合問題	○	○	○

○…出題されている　×…出題されていない　△…不明

第3章 言語能力問題

第4章 性格検査

答えを隠せる赤シート付き！
問題を解く際は、付属の赤シートで
正解を隠してください。

※本書の情報は、原則として2024年5月20日現在のものです。

第1章

SPI3に欠かせない
算数・数学のおさらい

01 四則演算

- ●四則とは、足し算、引き算、掛け算、割り算のこと。
  足し算は加法、引き算は減法、掛け算は乗法、割り算は除法
  ともいい、加減乗除という言い方もある。
- ●足し算の結果の数値を「和」、引き算の結果の数値を「差」、掛
  け算の結果の数値を「積」、割り算の結果の数値を「商」という。

四則演算のルール

1 足し算だけの式、引き算だけの式、足し算と引き算だけが混ざった式の場合➡どの順番で計算してもよい。ただし、順番を変えるときは前の符号（＋、−）ごと移動させる。

[例]　$26 - 8 + 9$

➡　$\underline{26 - 8} + 9$　　　　　$= \underline{18 + 9}$　　　　　$= 27$
①先に１番目と２番目を計算　　②つぎに３番目を計算

➡　$26 - \underline{8 + 9}$　　　　　$= \underline{26 + 1}$　　　　　$= 27$
①先に２番目と３番目を計算　　②つぎに１番目を計算

どちらでもやりやすい方法で

2 掛け算だけの式、割り算だけの式、掛け算と割り算だけが混ざった式の場合➡どの順番で計算してもよい。ただし、順番を変えるときは前の符号（×、÷）ごと移動させる（注意点はP.14参照）。

[例]　$12 \times 5 \div 6$

➡　$\underline{12 \times 5} \div 6$　　　　　$= \underline{60 \div 6}$　　　　　$= 10$
①先に１番目と２番目を計算　　②つぎに３番目を計算

➡　$\underline{12 \div 6} \times 5$　　　　　$= \underline{2 \times 5}$　　　　　$= 10$
①先に１番目と３番目を計算　　②つぎに２番目を計算

どちらでもやりやすい方法で

3 足し算、引き算、掛け算、割り算が混ざった式の場合

→**掛け算、割り算が先、その後で足し算、引き算の順番。**

[例]　$17-3\times5$　⇒　$17-\underline{3\times5}$　$=$　$\underline{17-15}$　$=$　2

　　　　　　　　　　　①掛け算の 3×5 が先　　②引き算が後

[例]　$36\div4+7$　⇒　$\underline{36\div4}+7$　$=$　$\underline{9+7}$　$=$　16

　　　　　　　　　　　①割り算の $36\div4$ が先　　②足し算が後

4 （　）がある式の場合

→（　）内の式が先、その後で（　）の外の計算。

[例]　$20\times(15-7)$　⇒　$20\times\underline{(15-7)}$　$=$　$\underline{20\times8}$　$=$　160

　　　　　　　　　　　①（　）内の $15-7$ が先　　②掛け算が後

計算の工夫…計算しやすい順番で解く

1 **2** のルールのような場合では計算の順番は自由なので、計算しやすい順番で解こう！

POINT

[例題1]　$22-9+18$

　　　　$=\underline{22-9}+18=\underline{13+18}=31$

　　　　左から順に計算すると、ちょっと面倒かも

　　　　$=\underline{22+18}-9=\underline{40-9}=31$

　　　　順番を変えて、$22+18$ を先に計算すれば、かなり楽に！

[例題2]　$25\times13\times4$

　　左から順だと　$=\underline{25\times13}\times4=\underline{325\times4}=1300$

　　順番を変えると　$=\underline{25\times4}\times13=\underline{100\times13}=1300$

[例題3] $36 \times 7 \div 4$

[左から順だと] $= 36 \times 7 \div 4 = \underline{252} \div 4 = 63$

[順番を変えると] $= \underline{36 \div 4} \times 7 = \underline{9} \times 7 = 63$

割り算の注意点！

　割り算が2つ以上ある場合、たとえば「$24 \div 6 \div 2$」という式で、$24 \div 6 \div 2 = 24 \div (6 \div 2) = 24 \div 3 = 8$ としないこと。

　「$\div 6$」「$\div 2$」はともに [割る数] で、24は [割られる数] である。「$6 \div 2$」としてしまうと、「6」が [割られる数] で、「2」が [割る数] になるので、誤り。

　正しくは、$24 \div 6 \div 2 = 4 \div 2 = 2$

　または、$24 \div 6 \div 2 = 24 \div 2 \div 6 = 12 \div 6 = 2$

　[割る数] の順番を変えることはできるが、[割る数] どうしで割り算をしないように気を付ける。

　[割られる数] と [割る数] の関係を守ること！

練 習 問 題 1

つぎの計算をしなさい。

(1) $21 + 15 + 19 + 35$

(2) $87 - 39 - 27$

(3) $75 - 23 - 17$

(4) $28 - 7 + 12 - 23$

(5) $116 - 29 - 56$

(6) $260-83-11-6$

練習問題1の正解&解説

(1) $\underline{21}+15+\underline{19}+35$

$\quad =(\underline{21}+\underline{19})+(15+35)=40+50=\mathbf{90}$

> 順番を工夫しよう!
> 足し算しやすい数字を組み合わせる
> ➡ 1の位を足して10になる数字を組み合わせて先に足し算する

(2) $\underline{87}-39-\underline{27}$

$\quad =(\underline{87}-\underline{27})-39=60-39=\mathbf{21}$

> 順番を工夫しよう!
> 引き算しやすい数字を組み合わせる
> ➡ 1の位が同じ数字の引き算を先に引き算する

(3) $75-\underline{23}-\underline{17}$

$\quad =75-(\underline{23}+\underline{17})=75-40=\mathbf{35}$

> 順番を工夫しよう!
> 引き算の数字を足し合わせ、まとめて引き算する

(4) $\underline{28}-7+\underline{12}-23$

$\quad =(\underline{28}+\underline{12})-(7+23)=40-30=\mathbf{10}$

> 順番を工夫しよう!
> 足し算どうし、引き算どうしをまとめて引き算する

(5) $\underline{116}-29-\underline{56}$

$\quad =(\underline{116}-\underline{56})-29=60-29=\mathbf{31}$

> (2)と同様に

(6) $260-\underline{83}-\underline{11}-\underline{6}$

$\quad =260-(\underline{83}+\underline{11}+\underline{6})=260-100=\mathbf{160}$

> (3)と同様に

つぎの計算をしなさい。

（1） $4 \times 11 \times 25$

（2） $3 \times 15 \times 6$

（3） $25 \times 16 \times 50$

（4） $54 \div 2 \div 9$

（5） $36 \times 7 \div 4$

（6） $56 \times 5 \div 7 \div 2$

練習問題2の正解＆解説

（1） $\underline{4} \times 11 \times \underline{25}$
$= (4 \times 25) \times 11 = 1100$

> 順番を工夫しよう！
> 2桁の掛け算でも暗算しやすい計算を先に
> ➡ $25 \times 4 = 100$、$25 \times 8 = 200$、$25 \times 12 = 300$…
>   25の掛け算は、4の倍数ごとに100の倍数になる

（2） $3 \times \underline{15 \times 6}$
$= 3 \times (15 \times 6) = 3 \times 90 = 270$

> 16＝4×4に分解する

（3） $25 \times \underline{16} \times 50 = 25 \times \underline{4 \times 4} \times 50 = (25 \times \underline{4}) \times (\underline{4} \times 50)$
$= 100 \times 200 = 20000$

> 数字を工夫しよう！
> 数字を約数に分解すると、計算が簡単になることもある

(4) $\underline{54 \div 2} \div 9$

$= \underline{54 \div 9} \div 2 = 6 \div 2 = 3$

> 順番を工夫しよう!
> 九九(暗算)を使ってできる割り算があれば、それを先に計算する

(5) $\underline{36 \times 7} \div 4$

$= \underline{36 \div 4} \times 7 = 9 \times 7 = 63$

> (4)と同様、九九を使ってできる割り算を先に

(6) $\underline{56 \times 5} \div 7 \div 2$

$= \underline{56 \div 7} \div 2 \times 5 = \underline{8 \div 2} \times 5 = 4 \times 5 = 20$

> (4)や(5)と同様に

練 習 問 題 3

つぎの計算をしなさい。

(1) $7 + 5 \times 9$

(2) $13 - 27 \div 3$

(3) $91 - 18 \times 3$

(4) $6 \times 7 + 11 \times 4$

(5) $12 \div 3 + 7 \times 5$

THINKING...

(6) $150 + 56 \div 8 - 37$

(7) $20 \times (35 - 17) \div 9$

(8) $72 \div (21 - 9) \div 6$

練習問題３の正解＆解説

（1） $7 + \underline{5 \times 9} = 7 + 45 = \mathbf{52}$

（2） $13 - \underline{27 \div 3} = 13 - 9 = \mathbf{4}$

（3） $91 - \underline{18 \times 3} = 91 - 54 = \mathbf{37}$

> ちょっとひと工夫！
> $91 - \underline{18 \times 3} = 91 - \underline{9 \times 2 \times 3} = 91 - 54$
>
> ※18×3の暗算ができなければ、9×2×3に直すと、
> $9 \times 2 \times 3 = 9 \times 6$ となるので、九九で暗算できる。

（4） $\underline{6 \times 7} + \underline{11 \times 4} = 42 + 44 = \mathbf{86}$

（5） $\underline{12 \div 3} + \underline{7 \times 5} = 4 + 35 = \mathbf{39}$

（6） $150 + \underline{56 \div 8} - 37 = 150 + 7 - 37 = 150 - 30 = \mathbf{120}$

（7） $20 \times \underline{(35 - 17)} \div 9 = 20 \times \underline{18 \div 9} = 20 \times 2 = \mathbf{40}$

（8） $72 \div \underline{(21 - 9)} \div 6 = 72 \div 12 \div 6 = 6 \div 6 = \mathbf{1}$

> 先に12÷6を計算するのはNG
> ➡72÷（12÷6）=72÷2 としないこと！

POINT

電卓の使い方（WEBテスティング向け）

　ここまで四則演算の計算問題を解いてきたが、それはすべて手計算で解くこと、あるいは暗算で解くことを前提としている。

　しかし、SPI3のWEBテスティングでは、電卓使用が許可されている。電卓が使えるなら計算はかなり楽になるが、楽勝と高をくくっていては、痛い目に遭う。

　普段から電卓を使い慣れていないと、意外と間違えることもあるので、事前に使い慣れておこう。

電卓のメモリーキーを使い慣れておこう

　電卓には1桁の数字0～9、[+]、[−]、[×]、[÷]、[=]のほかに[M+]、[M−]、[MRC]（[MR]、[MC]、[RM]、[CM]）などのキーがある。[MR]／[RM]、[MC]／[CM]などキーの表示は電卓のメーカーによって異なる。[MRC]は[MR]と[MC]が一体になったもの。

- [M+]：メモリープラス……表示された数字をメモリーに足す
- [M−]：メモリーマイナス…表示された数字をメモリーから引く
- [MR]：メモリーリコール…メモリーに記憶されている内容を（[RM]）　　　　　　表示する
- [MC]：メモリークリア……メモリーに記憶されている内容を（[CM]）　　　　　　消去する
- [MRC]：メモリーコール……一度押すとメモリー内容を出し、もう一度押すと消去する

　これらのメモリーキーは、式を前から順番に入力して求めることができない場合に便利に使える。

　たとえば、120×3＋75×4の式を、この順で、
1→2→0→×→3→+→75→×→4　と入力すると、答えは1740と出てきてしまう。

しかし、これでは、「120×3＝360」「360＋75＝435」「435×4＝1740」という計算になり、四則演算のルールである「掛け算、割り算が先、その後で足し算、引き算の順番」にかなっていない。

　<u>120×3</u>＋<u>75×4</u>＝360＋300＝660　が正しい計算と答えになる。このように正しく電卓で計算するためには、つぎの順で入力する必要がある。

　[1][2][0]→[×]→[3]→[M+]→[7][5]→[×]→[4]→[M+]→[MRC]

　2つの掛け算は[M+]で記憶させておき、最後に[MRC]で答えを出すことができる。

　15×7－72÷24という式なら、正解は105－3＝102だが、それは[1][5]→[×]→[7]→[M+]→[7][2]→[÷]→[2][4]→[M－]→[MRC]で求められる。

　なお、関数電卓を使用すれば、分数やかっこのある式の計算もできるので、使い慣れておけばかなり有利だろう。

　いずれにしても、電卓の使用は補助的なものでしかない。SPI3の出題は文章題なので、そこから計算式をつくり出すことが最大のポイントになる。それは、電卓が使用できるWEBテスティングでも同様だ。しかし、電卓があれば、厄介な計算にかかる時間を大幅に省くことはできるし、計算ミスも防げるため、その点で心強いのは確かである。

　それでも、暗算より時間がかかる場合もある。また、焦っていると打ち間違えする危険性も高い。やはり、可能な限り暗算で答えを求められるようにしておくことがSPI3攻略には有効だと言えよう。

SHORT
BREAK

02 最大公約数＆最小公倍数

● 約数、公約数、最大公約数、倍数、公倍数、最小公倍数の定義を理解しておく。分数の計算では不可欠。

用語

約数とは？

整数 a が整数 b で割り切れるとき、b を a の「約数」という。

[例]　12の約数…1, 2, 3, 4, 6, 12

公約数とは？

2つ以上の整数に共通する約数。

[例]　12と18の公約数…1, 2, 3, 6

最大公約数とは？

2つ以上の整数に共通する約数の中で最も大きい約数。

[例]　12と18の最大公約数…6

倍数とは？

整数 a が整数 b で割り切れるとき、a を b の「倍数」という。

[例]　6の倍数…6, 12, 18, 24, 30…

公倍数とは？

2つ以上の整数に共通する倍数。

[例]　6と9の公倍数…18, 36, 54…

最小公倍数とは？

2つ以上の整数に共通する倍数の中で最も小さい倍数。

[例]　6と9の最小公倍数…18

　分数の計算では、約分、通分のために公約数、公倍数を理解しておくことは不可欠であり、WEBテスティングでは、約数、倍数についての問題もある。ここで求め方をしっかり理解しておこう。

倍数の見分け方

　倍数を求めるには整数を掛けていけばいいが、ある整数がどの整数の倍数かは簡単にはわからない。そのため、ここでは、ある整数がどの整数の倍数かを見分ける方法を紹介する。

● **2の倍数**…**1の位が偶数（2の倍数）。**

● **3の倍数**…**各位の数の合計が3の倍数。**
　[例]　78 ⇒ $\boxed{10の位}$ が7、$\boxed{1の位}$ が8…計 7 ＋ 8 ＝15
　　　　　15は3の倍数なので、78も3の倍数。
　[例]　435 ⇒ $\boxed{100の位}$ が4、$\boxed{10の位}$ が3、$\boxed{1の位}$ が5
　　　　　…各位の数の合計は、4 ＋ 3 ＋ 5 ＝12
　　　　　12は3の倍数なので、435も3の倍数。

● **4の倍数**…**3ケタ以上の数字で、下2ケタが4の倍数。**
　4と8以降の、4の倍数の下2ケタは以下の通り。

4	8	12	16	$\boxed{20}$	24	28	32	36	$\boxed{40}$	44	48	52
56	$\boxed{60}$	64	68	72	76	$\boxed{80}$	84	88	92	96	1$\boxed{00}$	

　[例]　752 ⇒ 下2ケタの52が4の倍数 ⇒ 752は4の倍数

● **5の倍数**…**1の位が0か5。**

● **6の倍数**…**偶数で、3の倍数。**
　[例]　78 ⇒ 偶数　＆　各位の数の合計が3の倍数
　　　　　⇒ 78は6の倍数

● **9の倍数**…**各位の数の合計が9の倍数。**
　[例]　117 ⇒ $\boxed{100の位}$ 1、$\boxed{10の位}$ 1、$\boxed{1の位}$ 7
　　　　　　…各位の数の合計は、1 ＋ 1 ＋ 7 ＝ 9
　　　　　⇒ 9は9の倍数なので、117も9の倍数

練 習 問 題 1

（**1**）36の約数をすべて求めよ。

（**2**）17の倍数を小さい順に5つ求めよ。

（**3**）つぎの整数の中で、3の倍数はどれか。
　　　〔41、54、87、121、255〕

（**4**）つぎの整数の中で、4の倍数はどれか。
　　　〔142、748、1122、2024〕

（**5**）つぎの整数の中で、6で割り切れる数はどれか。
　　　〔108、346、444、842〕
　　　※割り切れる数とは、倍数のこと

（**6**）つぎの整数の中で、9で割り切れる数はどれか。
　　　〔127、565、774、1116〕

（**7**）3桁の整数の中で、最も小さい3の倍数はいくつか。
　　　※3桁の整数は、100〜999

（**8**）2桁の整数の中で、最も大きい6の倍数はいくつか。
　　　※2桁の整数は、10〜99

THINKING...

（1）1、2、3、4、6、9、12、18、36

（2）17、34、51、68、85

（3）54、87、255

各位の数の合計5＋4＝9、8＋7＝15、2＋5＋5＝12
いずれも3の倍数だから、もとの数も3の倍数

（4）748、2024

下2桁「48」「24」が4の倍数だから、もとの数も4の倍数

（5）108、444

各位の数の合計1＋0＋8＝9、4＋4＋4＝12、いずれも3
の倍数、かつ、もとの数が偶数なので、6の倍数。よって、6
で割り切れる

（6）774、1116

各位の数の合計7＋7＋4＝18、1＋1＋1＋6＝9、いずれも
9の倍数なので、もとの数も9の倍数。よって、9で割り切れる

（7）102

3桁の最小の整数は100。その直近で、100の位 1＋ 1の位の数
＝3となるのが最も小さい3の倍数。よって、1の位は2

（8）96

2桁の最大の整数99は3の倍数だが偶数ではないので該当せず、
つぎに小さい3の倍数で偶数になるのは、99－3＝96

奇数の倍数は、奇数、偶数の繰り返しになるので、
奇数の前の倍数は偶数になる

最大公約数の求め方

- -

[例題]　24, 36, 42　の最大公約数を求めよ。

┈┈┈┈┈┈┈┈┈┈┈┈┈┈┈┈┈┈┈┈┈┈┈┈┈┈┈┈┈┈

Step1 3つの整数の公約数（＝共通する約数）で割る。

3つの整数の公約数は2なので、2で割る。

$$
\begin{array}{r|rrr}
2 & 24 & 36 & 42 \\
\hline
& 12 & 18 & 21
\end{array}
$$

　　　　　　　　　　　　　　　　　　　◀┈ 各数字を2で割った答え

Step2 さらに3つの整数の公約数で割る。

12, 18, 21の公約数は3なので、3で割る。

$$
\begin{array}{r|rrr}
3 & 12 & 18 & 21 \\
\hline
& 4 & 6 & 7
\end{array}
$$

　　　　　　　　　　　　　　　　　　　◀┈ 各数字を3で割った答え

Step3 さらに公約数はあるか？

4, 6, 7の公約数は1以外にないので、これ以上の割り算は
できない。そこまでに割った約数を掛け合わせれば、最大公
約数が求められる。 ⇒　$3 \times 2 = 6$

正解… 6

まとめると…

公約数2と3での割り算の順番は
逆でも良い

この部分を掛け合わせる

最小公倍数の求め方

- -

［例題］　24, 36, 42　の最小公倍数を求めよ。

Step 1 最大公約数を求めたのと同じように、公約数で割っていく。

$$
\begin{array}{r|rrr}
2 & 24 & 36 & 42 \\
3 & 12 & 18 & 21 \\
\hline
& 4 & 6 & 7
\end{array}
$$

Step 2 3つの数に共通の公約数がなくなっても、2つの数に公約数があれば割る。

4、6は公約数2があるので、2で割る

$$
\begin{array}{r|rrr}
2 & 24 & 36 & 42 \\
3 & 12 & 18 & 21 \\
2 & 4 & 6 & 7 \\
\hline
& 2 & 3 & 7
\end{array}
$$

7はそのまま下ろす

Step 3 縦と横の数字を掛け合わせれば、最小公倍数が求められる。

$$
\begin{array}{r|rrr}
2 & 24 & 36 & 42 \\
3 & 12 & 18 & 21 \\
2 & 4 & 6 & 7 \\
\hline
& 2 & 3 & 7
\end{array}
$$

➡　$2 \times 3 \times 2 \times 2 \times 3 \times 7 = 504$

正解…504

練 習 問 題 2

つぎの各組の最大公約数と最小公倍数を求めなさい。

(1) 28, 60

(2) 45, 72

(3) 24, 84, 108

(4) 18, 27, 33

(5) 36, 81, 114

練習問題2の正解&解説

(1)

$$
\begin{array}{r}
2)\ \underline{28\quad\ 60} \\
2)\ \underline{14\quad\ 30} \\
7\quad\ 15
\end{array}
$$

最大公約数は、2 × 2 ＝ **4**

最小公倍数は、2 × 2 × 7 × 15＝**420**

(2)

$$
\begin{array}{r}
9)\ \underline{45\quad\ 72} \\
5\quad\ 8
\end{array}
$$
← 2つの数ともに九九の9の段の数

最大公約数は、**9**

最小公倍数は、9 × 5 × 8 ＝**360**

(3)

```
2 ) 24    84    108
2 ) 12    42    54
3 )  6    21    27
      2     7     9
```

最大公約数は、2 × 2 × 3 = **12**

最小公倍数は、2 × 2 × 3 × 2 × 7 × 9 = **1512**

(4)

> 3つの数ともに割り切れる数が
> あるのはここまで

```
3 ) 18    27    33
3 )  6     9    11   ← 6と9のみ3で割り切れる
      2     3    11
```

最大公約数は、**3**

最小公倍数は、3 × 3 × 2 × 3 × 11 = **594**

(5)

> 3つの数ともに割り切れる数が
> あるのはここまで

```
3 ) 36    81    114
3 ) 12    27    38   ← 12と27のみ3で割り切れる
2 )  4     9    38   ← 4と38のみ2で割り切れる
      2     9    19
```

最大公約数は、**3**

最小公倍数は、3 × 3 × 2 × 2 × 9 × 19 = **6156**

CHECK!

28

03 分数の四則演算

- 分数の表記は、WEBテスティングでは「△／○」の形式で、ペーパーテスティングやテストセンターでは「$\frac{△}{○}$」の形式で表示(記載)される。
- 足し算・引き算では、分母が同じ場合は分子どうしを足す、または引く。分母が異なる場合は通分(➡P.30)してから行う。
- 分数の式に整数が含まれる足し算・引き算では、整数を分数の分母に揃えた仮分数(➡P.31)にしてから行う。
- 式に帯分数(➡P.32)が含まれる足し算・引き算では、仮分数に直し、さらに通分してから行う。
- 掛け算は、分母どうし、分子どうしを掛ける。
- 割り算は、割るほうの分数の分子と分母を逆にして、掛け算をする。
- 最後に約分して答えとする。

分数の足し算&引き算

1 分母が同じ場合

➡分子どうしを足す、または引く。

[例題1] $\dfrac{1}{9}+\dfrac{2}{9}$ を計算しなさい。

➡ $\dfrac{1}{9}+\dfrac{2}{9}=\dfrac{1+2}{9}=\dfrac{3}{9}=\dfrac{1}{3}$

- 分子どうしを足す
- 約分する
- 分母はそのまま

約分とは?

分母と分子を、その公約数で割って数字を小さくすること。

$\dfrac{3}{9}$(分母9と分子3はともに3で割れる)= $\dfrac{\overset{1}{3}}{\underset{3}{9}}$ = $\dfrac{1}{3}$

2 分母が異なる場合

➡通分して分母を同じ数にして、足す、または引く。

通分とは？

２つ以上の分数の値を変えずに共通の分母の分数にすること。➡分母の最小公倍数に揃える。

［例題２］ $\frac{3}{4}$と$\frac{1}{6}$ を通分しなさい。

➡分母を４と６の最小公倍数にする。

2）4　6
　　2　3

最小公倍数は、２×２×３＝12

➡分母を同じ数(12)にする(通分する)。

・$\frac{3}{4}=\frac{9}{12}$ ― 分母・分子ともに３※を掛ける

・$\frac{1}{6}=\frac{2}{12}$ ― 分母・分子ともに２※を掛ける

※分母を同じ数にするために掛ける数は、もう一方の分母を共通の数字で割った数(分数が２つの場合)。

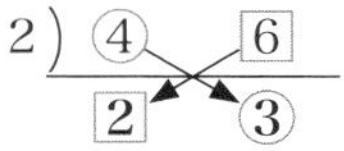

［例題３］ $\frac{3}{4}-\frac{1}{6}$ を計算しなさい。

通分した分数で計算する。

$\frac{3}{4}-\frac{1}{6}=\frac{9}{12}-\frac{2}{12}=\frac{7}{12}$

[例題4] $\dfrac{5}{8}+\dfrac{7}{12}-\dfrac{4}{15}$ を計算しなさい。

３つ以上の分母が異なる分数の計算

➡すべての公倍数で通分する

$$
\begin{array}{r|ccc}
4) & ⑧ & ⑫ & 15 \\
3) & 2 & ③ & ⑮ \\
\hline
 & 2 & 1 & 5
\end{array}
$$

← 8と12を4で割る

← 3と15を3で割る

公倍数は、$4 \times 3 \times 2 \times 1 \times 5 = 120$

$$
\begin{aligned}
\dfrac{5}{8}+\dfrac{7}{12}-\dfrac{4}{15} &= \dfrac{5 \times 15}{8 \times 15}+\dfrac{7 \times 10}{12 \times 10}-\dfrac{4 \times 8}{15 \times 8} \\
&= \dfrac{75}{120}+\dfrac{70}{120}-\dfrac{32}{120} = \dfrac{113}{120}
\end{aligned}
$$

3 分数の式に整数が含まれる場合

➡整数を分数の分母に揃えた仮分数に直してから足す、または引く。

真分数とは？

分子が分母より小さい分数。　例 $\dfrac{1}{6}$

仮分数とは？

分子が分母より小さくない分数。　例 $\dfrac{13}{6}$

[例題5] $1-\dfrac{2}{9}$ を計算しなさい。

整数を共通の分母の分数に直す ⟶ $1-\dfrac{2}{9}=\dfrac{9}{9}-\dfrac{2}{9}=\dfrac{7}{9}$

整数の計算例

$1=\dfrac{9}{9}$、 $2=\dfrac{18}{9}$、 $3=\dfrac{27}{9}$

4 式に帯分数が含まれる場合

➡ 仮分数に直して（通分して）足す、または引く。

帯分数とは？

整数と真分数の和からなる分数。　**例** $2\frac{1}{6}\left(=2+\frac{1}{6}\right)$

[例題6]　$2\frac{1}{6}-\frac{3}{4}$　を計算しなさい。

$2\frac{1}{6}-\frac{3}{4}$ ● ┤帯分数を仮分数に直す├

$=\dfrac{13}{6}-\dfrac{3}{4}$ ● ┤（帯分数の）分母×整数＋分子＝（仮分数の）分子
　　　　　　　　　　　　 $6\ \times\ 2\ +\ 1\ =\quad\quad 13$├

$=\dfrac{26}{12}-\dfrac{9}{12}$ ● ┤通分する
（分母の6と4を最小公倍数12に揃える）├

$=\dfrac{17}{12}\left(=1\dfrac{5}{12}\right)$

┤仮分数を帯分数に直す場合、
（仮分数の）分子÷分母＝商　➡　この商が整数部分となり、
　　　　　　　　　　　　　　　　余りが分子となる
$17\div 12=①$　　余り　⑤├

分数の掛け算

- -

[例題7]　$\dfrac{3}{4}\times\dfrac{2}{9}$　を計算しなさい。

$\dfrac{3}{4}\times\dfrac{2}{9}$ ● ┤分母どうし、分子どうしを掛ける├

$=\dfrac{3\times 2}{4\times 9}$ ● ┤分子3と分母9を3で割る
分子2と分母4を2で割る├ ｝約分

$=\dfrac{1}{2\times 3}=\dfrac{1}{6}$

[例題8]　$\dfrac{2}{3} \times 6$　を計算しなさい。

$\dfrac{2}{3} \times \dfrac{6}{1}$ ── 整数は分母を1、分子をその整数にする

$= \dfrac{2 \times \overset{2}{\cancel{6}}}{3 \times 1}$ ── 約分する

$= 2 \times 2 = 4$

[例題9]　$3\dfrac{1}{6} \times \dfrac{2}{9}$　を計算しなさい。

$3\dfrac{1}{6} \times \dfrac{2}{9}$ ── 帯分数は仮分数に直す

$= \dfrac{19}{6} \times \dfrac{2}{9}$

$= \dfrac{19 \times \cancel{2}}{\underset{3}{\cancel{6}} \times 9}$ ── 約分する

$= \dfrac{19}{27}$

分数の割り算

ここがポイント！

割る数の分数の分子と分母を逆にして掛け算をする。

[例題10]　$\dfrac{3}{4} \div \dfrac{3}{5}$　を計算しなさい。

$\dfrac{3}{4} \div \left(\dfrac{3}{5}\right)$ ── 割る数の分数の分母と分子を逆にして掛け算する

$= \dfrac{3}{4} \times \dfrac{5}{3}$

$= \dfrac{\cancel{3}}{4} \times \dfrac{5}{\cancel{3}}$ ── 約分する

$= \dfrac{5}{4}\left(= 1\dfrac{1}{4}\right)$

つぎの計算をしなさい。

(1) $\dfrac{1}{5}+\dfrac{3}{5}$

(2) $\dfrac{7}{8}-\dfrac{3}{8}$

(3) $\dfrac{3}{4}+\dfrac{2}{5}$

(4) $\dfrac{5}{9}-\dfrac{2}{15}$

(5) $1-\dfrac{3}{7}$

(6) $2\dfrac{2}{5}+\dfrac{5}{8}$

練習問題1の正解＆解説

(1) $\dfrac{4}{5}$

(2) $\dfrac{7}{8}-\dfrac{3}{8}=\dfrac{4}{8}=\dfrac{1}{2}$

(3) $\dfrac{3}{4}+\dfrac{2}{5}=\dfrac{15}{20}+\dfrac{8}{20}=\dfrac{23}{20}\left(=1\dfrac{3}{20}\right)$

(4) $\dfrac{5}{9}-\dfrac{2}{15}=\dfrac{25}{45}-\dfrac{6}{45}=\dfrac{19}{45}$

(5) $1-\dfrac{3}{7}=\dfrac{7}{7}-\dfrac{3}{7}=\dfrac{4}{7}$

(6) $2\dfrac{2}{5}+\dfrac{5}{8}=\dfrac{12}{5}+\dfrac{5}{8}=\dfrac{96}{40}+\dfrac{25}{40}=\dfrac{121}{40}\left(=3\dfrac{1}{40}\right)$

練 習 問 題 2

つぎの計算をしなさい。

(1) $\dfrac{5}{8} \times \dfrac{4}{15}$

(2) $3 \times \dfrac{7}{12}$

(3) $\dfrac{5}{9} \div \dfrac{5}{6}$

(4) $\dfrac{17}{30} \times \dfrac{2}{9} \div \dfrac{4}{15}$

(5) $14 \div \dfrac{35}{100}$

(6) $100 \times \dfrac{20}{100} \times \dfrac{30}{100}$

練習問題2の正解＆解説

(1) $\dfrac{5}{8} \times \dfrac{4}{15} = \dfrac{5 \times 4}{8 \times 15} = \dfrac{1 \times 1}{2 \times 3} = \dfrac{1}{6}$

(2) $3 \times \dfrac{7}{12} = \dfrac{3}{1} \times \dfrac{7}{12} = \dfrac{3 \times 7}{1 \times 12} = \dfrac{7}{4}\left(=1\dfrac{3}{4}\right)$

(3) $\dfrac{5}{9} \div \dfrac{5}{6} = \dfrac{5}{9} \times \dfrac{6}{5} = \dfrac{5 \times 6}{9 \times 5} = \dfrac{2}{3}$

(4) $\dfrac{17}{30} \times \dfrac{2}{9} \div \dfrac{4}{15} = \dfrac{17}{30} \times \dfrac{2}{9} \times \dfrac{15}{4} = \dfrac{17 \times 2 \times 15}{30 \times 9 \times 4} = \dfrac{17}{36}$

(5) $14 \div \dfrac{35}{100} = 14 \times \dfrac{100}{35} = \dfrac{14}{1} \times \dfrac{100}{35} = 40$

(6) $100 \times \dfrac{20}{100} \times \dfrac{30}{100} = 6$

> 分子の20と30の「0」と、分母の100の「00」を約分する

04 小数の四則演算

- 足し算・引き算では、小数点の位置を揃えて計算する。
- 掛け算では、最初は小数点を無視して計算し、計算結果に小数点を加える。
- 割り算では、割られる数・割る数とも、小数点の位置を同じ数だけ右にずらして整数にする。
- 分数と小数の計算では、分数を小数に直すことはできないことも多いので、小数を分数に直して計算する。

小数の足し算・引き算

➡小数点の位置を揃えて計算する。

[例題1] 7.2+2.56 を計算しなさい。

```
    7.20
 +  2.56
    9.76
```

小数点の位置を揃え、小数点以下の足りない部分は「0」を置く（省略可）

整数と同じように計算する

小数の掛け算

➡最初は小数点を無視して計算し、計算結果に小数点を加える。

[例題2] 7.2×0.45 を計算しなさい。

7.2 × 0.45

72×45＝3240 数字の部分だけ掛け算する

それぞれの小数点以下の桁数を足す。

7.2 ⇒ 1桁

0.45 ⇒ 2桁

$1 + 2 =$　3桁　⇒　3240の右から左へ3桁目に小数点を打つ。

3.2 4 0

$= 3.24$ ← 通常、最後の「0」は不要

小数の割り算

➡ 割られる数・割る数とも、小数点の位置を同じ数だけ右にずらして整数にする。

[例題3]　0.6÷0.15　を計算しなさい。

0.6　÷　0.15

0.6は小数点以下第1位、0.15は小数点以下第2位まであるので、桁数の多い0.15の方に合わせて、小数点の位置を右に2つずつずらす。

$= 60 \div 15 = 4$

分数と小数の割り算

➡ 分数を小数に直すことはできないことも多いので、小数を分数に直して計算する。

[例題4]　$\dfrac{1}{6} + 0.7$　を計算しなさい。

$\dfrac{1}{6} + \dfrac{7}{10}$ ← $0.7 = \dfrac{7}{10}$

$= \dfrac{5}{30} + \dfrac{21}{30} = \dfrac{26}{30} = \dfrac{13}{15}$

└ 通分して足し算をする

- 小数点第1位までなら、分母は10 (例) $0.5 = \frac{5}{10}\left(=\frac{1}{2}\right)$
- 小数点第2位までなら、分母は100 (例) $0.72 = \frac{72}{100}\left(=\frac{18}{25}\right)$
- 小数点第3位までなら、分母は1000 (例) $0.125 = \frac{125}{1000}\left(=\frac{1}{8}\right)$

練 習 問 題 1

つぎの計算をしなさい。

(1) $6.51 + 2.7$

(2) $5.43 + 8.1$

(3) $8.03 - 3.7$

(4) $2 - 0.378$

(5) 2.7×0.4

(6) 6.07×4.5

(7) $4.2 \div 0.6$

練習問題1の正解&解説

(1)	6.51	(2)	5.43
	+ 2.7		+ 8.1
	9.21		13.53

(3) $\begin{array}{r} 8.03 \\ -\ 3.7 \\ \hline 4.33 \end{array}$　　(4) $\begin{array}{r} 2.000 \\ -\ 0.378 \\ \hline 1.622 \end{array}$

(5) 小数点を取って掛け算　27×4＝108

　→　小数点をつけて、1.08

(6) 小数点を取って掛け算　607×45＝27315

　→　小数点をつけて、27.315

(7) 小数点を取って割り算　42÷6＝7

練 習 問 題 2

つぎの計算をしなさい。

(1) $3.15 \div 1.5$

(2) $1.7 + \dfrac{2}{3}$

(3) $2\dfrac{4}{9} - 1.8$

(4) $0.25 \times \dfrac{5}{8}$

(5) $1.5 \div \dfrac{6}{5}$

(6) $1.3 \times 3 \div \dfrac{2}{5}$

(7) $3.5 \div \dfrac{2}{3} \div 2.1$

（1）$3.15 \div 1.5 = 315 \div 150 = 2.1$

（2）$1.7 + \dfrac{2}{3} = \dfrac{17}{10} + \dfrac{2}{3} = \dfrac{51}{30} + \dfrac{20}{30} = \dfrac{71}{30}\left(= 2\dfrac{11}{30} \right)$

（3）$2\dfrac{4}{9} - 1.8 = \dfrac{22}{9} - \dfrac{18}{10} = \dfrac{220}{90} - \dfrac{162}{90} = \dfrac{58}{90} = \dfrac{29}{45}$

（4）$0.25 \times \dfrac{5}{8} = \dfrac{25}{100} \times \dfrac{5}{8} = \dfrac{25}{\cancel{100}_{4}} \times \dfrac{5}{8} = \dfrac{5}{32}$

（5）$1.5 \div \dfrac{6}{5} = \dfrac{15}{10} \times \dfrac{5}{6} = \dfrac{\cancel{15}^{5}}{\cancel{10}_{2}} \times \dfrac{5}{\cancel{6}_{2}} = \dfrac{5}{4}$

（6）$1.3 \times 3 \div \dfrac{2}{5} = \dfrac{13}{10} \times \dfrac{3}{1} \times \dfrac{5}{2} = \dfrac{13}{\cancel{10}} \times \dfrac{3}{1} \times \dfrac{\cancel{5}}{2} = \dfrac{39}{4}\left(= 9\dfrac{3}{4} \right)$

（7）$3.5 \div \dfrac{2}{3} \div 2.1 = \dfrac{35}{10} \times \dfrac{3}{2} \times \dfrac{10}{21} = \dfrac{\cancel{35}^{5}}{\cancel{10}} \times \dfrac{3}{2} \times \dfrac{\cancel{10}}{\cancel{21}_{3}} = \dfrac{5}{2}\left(= 2\dfrac{1}{2} \right)$

小数の割り算で余りが出る場合

$4.7 \div 0.6$ の計算では、

$47 \div 6$ は割り切れないので、$47 \div 6 = 7 \cdots 5$（余り5）となる。

$4.7 \div 0.6$ も、商は7でよいが、余りは0.5

※4.7、0.6の小数点を1つ右にずらして割り算しているので、
　余りは小数点を1つ左にずらさなければならない。よって、
　0.5

POINT

40

05 正負の数の計算

● 数字の前の符号、「＋（プラス）」と「－（マイナス）」に要注意。
● それぞれの法則をしっかりと理解しておこう。

正負の数の足し算・引き算

$a+(+b)=a+b$	＋＋ … 符号が同じなら足し算
$a+(-b)=a-b$	＋－ … 符号が異なれば引き算
$a-(+b)=a-b$	－＋ … 符号が異なれば引き算
$a-(-b)=a+b$	－－ … 符号が同じなら足し算

［例題1］　12＋(－7)を計算しなさい。

$$12+(-7)=12-7=5$$

「＋」と「－」で符号が異なれば引き算

［例題2］　5－(－9)＋(－8)－3を計算しなさい。

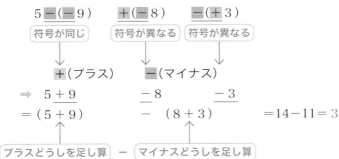

掛け算	$a \times (-b) = -(a \times b)$ $(-a) \times b = -(a \times b)$	数字の符号が異なれば－
	$(-a) \times (-b) = a \times b$	数字の符号が同じならば＋
割り算	$a \div (-b) = -(a \div b)$ $(-a) \div b = -(a \div b)$	数字の符号が異なれば－
	$(-a) \div (-b) = a \div b$	数字の符号が同じならば＋

［例題３］ $(-7) \times 9$ を計算しなさい。

$$\underset{\text{マイナス}}{(-7)} \times \underset{\text{プラス}}{9}$$

　符号が異なるので、絶対値どうしを掛け算して、答えにマイナスをつける（「マイナス×プラス＝マイナス」）。

　　$-(7 \times 9) = -63$

絶対値とは？

数から符号を取り去った値。
（例）＋３と－３の絶対値はともに３

［例題４］ $56 \div (-8)$ を計算しなさい。

$$\underset{\text{プラス}}{56} \div \underset{\text{マイナス}}{(-8)}$$

　符号が異なるので、絶対値どうしを割り算して、答えにマイナスをつける（プラス÷マイナス＝マイナス）。

　　$-(56 \div 8) = -7$

[例題5] $(-36) \div 4 \times (-5)$ を計算しなさい。

$$\underset{マイナス}{(-36)} \div \underset{プラス}{4} \times \underset{マイナス}{(-5)}$$

$$= \underset{マイナス}{(-9)} \times \underset{マイナス}{(-5)} = \underset{プラス}{45}$$

別解 先に絶対値だけで計算する

→ $36 \div 4 \times 5 = 45$

式の符号は、$(-)(+)(-)$ とマイナスが偶数個なので、答えの符号はプラス。

> $(-) \times (-)$ や $(-) \div (-)$ のように乗除の計算で$(-)$が2個あれば答えは$(+)$になる。また、3つ以上の乗除だけの式では、$(-)$の数が偶数個なら答えは$(+)$になる。逆に、式に$(-)$が奇数個あれば答えは$(-)$になる

練 習 問 題

つぎの計算をしなさい。

(1) $12 - (-7)$

(2) $-25 + (-14)$

(3) $2 + (-5) - 6$

(4) $-5.6 - (-2.4)$

(5) $-\dfrac{1}{5} + \dfrac{2}{3}$

(6) $6 \times (-7)$

（7）$(-28) \div (-4)$

（8）$36 \times (-4) \div (-3)$

（9）$(-8) \div 2 - 4 \times (-3)$

（10）$(-5) \times (-4) + (-18) \div 6$

練習問題の正解＆解説

（1）$12-(-7)=12+7 \quad =19$

（2）$-25+(-14)=-25-14=-(25+14)=-39$

（3）$2+(-5)-6=2-5-6$
$\qquad\qquad =2-(5+6)=2-11=-9$

（4）$-5.6-(-2.4)=-5.6+2.4=-3.2$

（5）$-\dfrac{1}{5}+\dfrac{2}{3}=-\dfrac{3}{15}+\dfrac{10}{15}=\dfrac{7}{15}$

（6）$6 \times (-7)=-42$

（7）$(-28) \div (-4)=7$

（8）$36 \times (-4) \div (-3)=(-9) \div (-3)=3$

（9）$(-8) \div 2 - 4 \times (-3)=(-4)-(-12)=(-4)+12=8$

（10）$(-5) \times (-4) + (-18) \div 6 = 20 + (-3) = 17$

06 文字式

● **文字式の表し方**

①乗法の記号「×」は省略。

$a \times b = ab$

②文字と数字の積は、数字が先。

$x \times 3 = 3x$

③文字の前の「1」は省略。

$1 \times a = 1a = a$　　$x \times (-1) = -x$

④文字の積はアルファベット順。

$c \times b \times a = abc$

> 同じ文字や数をいくつか掛け合わせたものを「累乗」といい。掛け合わせた個数を「累乗の指数」という

⑤除法は分数で表す。

$a \div b = \dfrac{a}{b}$

⑥同じ文字の積は累乗の指数を使って表す。

$a \times b \times a = a^2 b$

⑦加法、減法は数字の場合と同じく「+」「-」を使う。

$a + b$　　$2x - 3y$

係数とは？

文字に掛け合わされている数。

(例) $-2x$ の係数は、-2

x の係数は、1　　※係数1は省略する。

文字式の計算の仕方

1 **乗法**…数字の部分を計算し、文字はアルファベット順に。

$4a \times 2b$

$= 4 \times 2 \times a \times b = 8ab$

2 除法…分数の形にして、整数部分は約分する。

$$4a \div 2b$$
$$= \frac{4a}{2b} = \frac{2a}{b}$$

3 加法、減法…文字の部分が同じ（＝同類項）なら数字を加減し、文字はそのまま。

$$5a - 2a = (5 - 2)a = 3a$$

※ $5a - 2b$ のように、文字の部分が異なれば加減の計算はできない。

同類項とは？

文字の部分が同じもの。
(例) $2x$ と $3x$
ab と $-5ab$

[例題1] $(-4a) \times 5b$ を計算しなさい。

$$(-4) \times a \times 5 \times b = -20ab$$

すべて掛け算だから数字のみ掛け算して文字はアルファベット順に並べる。

[例題2] $12a - 3a + 2b$ を計算しなさい。

$$\underline{12a - 3a} + 2b = (12 - 3)a + 2b = 9a + 2b$$

同類項はまとめる

[例題3]　$3(4a-5)+7a$　を計算しなさい。

$$\overset{\frown}{3(4a-5)}+7a \quad = \quad \underline{12a-15}+\underline{7a}=19a-15$$

分配法則を用いて（　）を外す　　　　同類項はまとめる

分配法則とは？

$a(b+c)=ab+ac$

$a(b-c)=ab-ac$

$-a(b+c)=-ab-ac$

$-a(b-c)=-ab+ac$　←符号に注意

[例題4]　$2a^2 \div 4ab \times 5bc$　を計算しなさい。

割り算は逆数にして、すべて掛け算の式にして、約分する

$$2 \times a \times a \times \frac{1}{\underset{2}{4} \times a \times b} \times 5 \times b \times c = \frac{5ac}{2}$$

練 習 問 題

つぎの計算をしなさい。

(1) $3a \times (-7)$

(2) $(-8x) \times 9y$

(3) $15a \div 3$

(4) $6x-7y-3x+2y$

(5) $\dfrac{2}{3}x + \dfrac{1}{5}x$

(6) $\dfrac{a}{2} - \dfrac{a}{3}$

(7) $3x \times (-3x) \times (-2y)$

(8) $2(5a-b) + 3(8a-b)$

(9) $5(3x+2) - 4(2x-7)$

(10) $\dfrac{x+1}{2} + \dfrac{2x-5}{3}$

練習問題の正解＆解説

(1) $3a \times (-7) = -21a$

(2) $(-8x) \times 9y = -72xy$

(3) $15a \div 3 = 5a$

(4) $6x - 7y - 3x + 2y$
$= 6x - 3x - 7y + 2y = 3x - 5y$

(5) $\dfrac{2}{3}x + \dfrac{1}{5}x$
$= \dfrac{10}{15}x + \dfrac{3}{15}x = \dfrac{13}{15}x$

(6) $\dfrac{a}{2} - \dfrac{a}{3}$
$= \dfrac{3a}{6} - \dfrac{2a}{6} = \dfrac{3a-2a}{6} = \dfrac{a}{6}$

(7) $3x \times (-3x) \times (-2y)$
$= 3 \times (-3) \times (-2) \times x \times x \times y$
$= 18x^2y$

(8) $2(5a-b)+3(8a-b)$
$= 10a-2b+24a-3b$
$= (10a+24a)-(2b+3b)$ — 符号に注意！
$= 34a-5b$

(9) $5(3x+2)-4(2x-7)$
$= 15x+10-8x+28$ — 符号に注意！
$= 15x-8x+10+28$
$= 7x+38$

(10) $\dfrac{x+1}{2} + \dfrac{2x-5}{3}$
$= \dfrac{3(x+1)}{6} + \dfrac{2(2x-5)}{6}$
$= \dfrac{3x+3}{6} + \dfrac{4x-10}{6} = \dfrac{7x-7}{6}$

CHECK!

07 一次方程式

●前項の文字式の計算方法を使いながら、「移項」や「係数の整数化」などで、計算しやすいように式を加工する。

[例題1] つぎの方程式を解きなさい。
$$5x - 4 = 2x + 5$$

$$5x - 4 = 2x + 5$$ ← 2xを左辺に、－4を右辺に移項する。移項するときは符号を変える

$$5x - 2x = 5 + 4$$

$$3x = 9$$ ← 両辺をまとめ、$ax = b$の形にする

$$x = 3$$ ← 両辺をxの係数の3で割る

移項とは？

左辺または右辺の項を、符号を変えて反対の辺に移すこと。

[例題2] つぎの方程式を解きなさい。
$$4x - 2(3x + 5) = 6$$

$$4x - 2(3x + 5) = 6$$ ← 分配法則を使って（ ）を外す。－2を3xと5それぞれに掛ける

$$4x - 6x - 10 = 6$$ 符号が代わることに注意

$$4x - 6x = 6 + 10$$

$$-2x = 16$$

$$x = -8$$ ← 両辺をxの係数の－2で割る

[例題3] つぎの方程式を解きなさい。
$$2x + 0.4 = 3.5x - 2.6$$

$$2x + 0.4 = 3.5x - 2.6$$

$$20x + 4 = 35x - 26$$ ← 両辺に10をかけて係数を整数に

$$20x - 35x = -26 - 4$$ ← 35xを左辺に、4を右辺に移項する。移項するときは符号を変える

$$-15x = -30 \qquad x = 2$$

[例題4] つぎの方程式を解きなさい。

$$\frac{2}{3}x + \frac{1}{5} = x - 1$$

$$15 \times \left(\frac{2}{3}x + \frac{1}{5}\right) = 15 \times (x - 1)$$

両辺に分母の最小公倍数
15を掛けて分母を払う

$$15 \times \frac{2}{3}x + 15 \times \frac{1}{5} = 15 \times x - 15 \times 1$$

$$10x + 3 = 15x - 15$$

$$10x - 15x = -15 - 3$$

$$-5x = -18 \qquad x = \frac{18}{5}$$

係数を整数にする

「両辺に同じ数を掛けても等式は成り立つ」という性質があるので、係数が小数や分数の場合は、両辺に同じ数をかけて整数に直してから計算する。

● 小数…小数点以下の位が最も多い係数や数字に合わせて、

小数第1位までなら ×10

小数第2位までなら ×100

● 分数…すべての分数の最小公倍数を掛ける。

注意!

整数が含まれているとき、整数にだけ掛けるのを忘れることがあるので気を付けよう。

[例] $\frac{2}{3}x + \frac{1}{2} = 5$

整数にするために、分母3と
2の最小公倍数6を掛ける

正: $\left(\frac{2}{3}x + \frac{1}{2}\right) \times 6 = 5 \times 6$ ➡ $4x + 3 = 30$

誤: $\left(\frac{2}{3}x + \frac{1}{2}\right) \times 6 = 5$ 右辺に掛け忘れている

つぎの方程式を解きなさい。

(1) $5x + 8 = 7x - 4$

(2) $4 - (x - 1) = -3$

(3) $-2(x + 3) = -5x + 6$

(4) $0.9x - 1 = 1.31x - 0.18$

(5) $\dfrac{2}{3}x + 1 = \dfrac{3}{4}$

(6) $\dfrac{x}{4} + \dfrac{10 - x}{6} = 1$

練習問題の正解＆解説

(1) $5x + 8 = 7x - 4$ ➡ $5x - 7x = -4 - 8$

➡ $-2x = -12$　$x = 6$

(2) $4 - (x - 1) = -3$ ➡ $4 - x + 1 = -3$

➡ $-x = -3 - 4 - 1 = -8$　　$x = 8$

(3) $-2(x + 3) = -5x + 6$ ➡ $-2x - 6 = -5x + 6$

➡ $-2x + 5x = 6 + 6$ ➡ $3x = 12$　　$x = 4$

(4) $0.9x - 1 = 1.31x - 0.18$

➡ $100(0.9x - 1) = 100(1.31x - 0.18)$

➡ $90x - 100 = 131x - 18$ ➡ $90x - 131x = -18 + 100$

➡ $-41x = 82$　　$x = -2$

(5) $\dfrac{2}{3}x + 1 = \dfrac{3}{4}$ ➡ $12\left(\dfrac{2}{3}x + 1\right) = 12 \times \dfrac{3}{4}$　　両辺に分母の最小公倍数 12を掛けて分母を払う

➡ $8x + 12 = 9$

➡ $8x = 9 - 12$

➡ $8x = -3$　　$x = -\dfrac{3}{8}$

(6) $\dfrac{x}{4} + \dfrac{10 - x}{6} = 1$ ➡ $12\left(\dfrac{x}{4} + \dfrac{10 - x}{6}\right) = 12 \times 1$

➡ $3x + 2(10 - x) = 12$ ➡ $3x + 20 - 2x = 12$

➡ $3x - 2x = 12 - 20$　　$x = -8$

08 連立方程式

● 連立一次方程式。文字(変数)が２種類ある一次方程式。
● 代入法や加減法で解く。

代入法による解き方

　一方の式を他方の式に代入することで、「１つの文字の方程式」を導く。

[例題１]　つぎの連立方程式を解きなさい。

$$\begin{cases} y = x + 1 & \cdots\cdots① \\ 3x - 2y = 5 & \cdots\cdots② \end{cases}$$

①の式を②の式に代入する。

$3x - 2(x + 1) = 5$　　➡　$3x - 2x - 2 = 5$

$3x - 2x = 5 + 2$　　　➡　$x = 7$　　$\cdots\cdots③$

③を①の式に代入する。　$y = 7 + 1 = 8$　➡　$\begin{cases} x = 7 \\ y = 8 \end{cases}$

加減法による解き方

　２つの式のxかyのどちらか一方の係数を同じにして、式の加減によって、一方の文字を消去し、もう一方の文字の一次方程式を導く。下の[例題２]の連立方程式では、①の式の$3y$と②の式の$-2y$の係数を揃える。※$2x$と$5x$を「$10x$」に揃えてもよい。

[例題２]　つぎの連立方程式を解きなさい。

$$\begin{cases} 2x + 3y = -5 & \cdots\cdots① \\ 5x - 2y = 16 & \cdots\cdots② \end{cases}$$

①の式の$3y$と②の式の$-2y$の係数を「6」に揃えて、<u>2つの式を足し合わせる。</u>

$$
\begin{array}{ll}
\quad\ 4x+6y=-10 & \cdots\cdots ①\times 2 \\
\underline{+)15x-6y=48} & \cdots\cdots ②\times 3 \\
\quad \underline{19x\qquad\ =38} & \\
\quad\ \ x\qquad\ \ =2 & \cdots\cdots ③
\end{array}
$$

yの係数は、＋と－なので、消去するためには加法

1つの文字「x」の式にする

③を①の式に代入する。

$2\times 2+3y=-5 \qquad 4+3y=-5$

$3y=-5-4=-9 \qquad y=-3 \qquad ➡ \quad \begin{cases} x=2 \\ y=-3 \end{cases}$

練 習 問 題

つぎの方程式を解きなさい。

(1) $\begin{cases} x=2y+5 \\ 3x+y=8 \end{cases}$

(2) $\begin{cases} x-2y=-3 \\ 3x+5y=13 \end{cases}$

(3) $\begin{cases} 3x-4(x+y)=8 \\ 2(x-y)+y=2 \end{cases}$

(4) $\begin{cases} x+y=2 \\ \dfrac{x}{3}+\dfrac{y}{4}=1 \end{cases}$

(5) $\begin{cases} x+y=15 \\ 12x+18y=216 \end{cases}$

練習問題の正解&解説

(1) $x=2y+5$ を $3x+y=8$ に代入する。

$3(2y+5)+y=8$　➡　$6y+15+y=8$

$6y+y=8-15$　➡　$7y=-7$ ➡ $y=-1$

$x=2\times(-1)+5$

$x=-2+5=3$ ➡ $\begin{cases} x=3 \\ y=-1 \end{cases}$

> $y=-1$を$x=2y+5$
> に代入する

(2) 1つめの式の両辺に3を掛けて「$3x$」に揃える。

$3x-6y=-9$

$\underline{-)3x+5y=13}$

$-11y=-22$ ➡ $y=2$

$x-2\times2=-3$ ➡ $x-4=-3$

$x=-3+4=1$ ➡ $\begin{cases} x=1 \\ y=2 \end{cases}$

(3) 1つめの式 $3x-4(x+y)=8$

➡ $3x-4x-4y=8$ ➡ $-x-4y=8$

2つめの式 $2(x-y)+y=2$

➡ $2x-2y+y=2$ ➡ $2x-y=2$

1つめの式の両辺に2を掛けて「$2x$」に揃える。

$-2x-8y=16$

$\underline{+)2x-y=2}$

$-9y=18$ ➡ $y=-2$

$-x-4y=8$に$y=-2$を代入する

$-x-4\times(-2)=8$　　$-x+8=8$

$-x=8-8=0$ ➡ $\begin{cases} x=0 \\ y=-2 \end{cases}$

CHECK!

（4）$\dfrac{x}{3}+\dfrac{y}{4}=1$　の両辺に分母3、4の最小公倍数12を掛ける。

　　➡ $4x+3y=12$ ……①

　$x+y=2$　の両辺に4を掛ける ➡ $4x+4y=8$　……②

①から②を引く。

$$
\begin{array}{r}
4x+3y=12 \\
-)\,4x+4y=8 \\
\hline
-y=4 \quad y=-4
\end{array}
$$

$x+y=2$　　$x+(-4)=2$　　$x=2+4=6$

$$
\quad\quad\quad\quad\quad\quad\quad\quad ➡ \begin{cases} x=6 \\ y=-4 \end{cases}
$$

別解 代入法で解いてもよい。

　$x+y=2$ ➡ $x=2-y$

　$4(2-y)+3y=12$

　　$8-4y+3y=12$

　　$-4y+3y=12-8$

　　　　$-y=4$ ➡ $y=-4$

（5）$12x+18y=216$

　　➡ 両辺を<u>公約数6で割る。</u>

　　➡ $2x+3y=36$ ……①

　$x+y=15$ ➡ 両辺に2を掛ける ➡ $2x+2y=30$　……②

①から②を引く。

> この問題のように、係数に公約数があればそれで割ってもよい。数値が大きくならずに済むので計算が楽になる

$$
\begin{array}{r}
2x+3y=36 \\
-)\,2x+2y=30 \\
\hline
y=6
\end{array}
$$

$x+y=15$ ➡ $x+6=15$ ➡ $x=15-6=9$

$$
\quad\quad\quad\quad\quad\quad\quad\quad ➡ \begin{cases} x=9 \\ y=6 \end{cases}
$$

09 割合・比

● 割合は「割合の公式」にしたがって計算する。
● 比は「比の性質」を覚えておく。

割合とは？

ある量をもとにして、もう1つの量がその何倍に当たるかを表した数のこと。

[例1]　8をもとにして、40はその5倍。
[例2]　10をもとにして、5はその0.5倍、
　　　　または50％、または5割。
　　　　※割合の単位… $P\% = \dfrac{P}{100}$、　$P割 = \dfrac{P}{10}$

割合の公式

● **割合(%)＝比べられる量÷もとにする量×100**
● 比べられる量＝もとにする量×割合
● もとにする量＝比べられる量÷割合
　[例1]の40が、「比べられる量」
　[例1]の8が、「もとにする量」

公式を図で表すと…

比べられる量
÷　÷
もとにする量　×　割合

ただし「比べられる量」「もとにする量」という表現はわかりにくいので、SPI3で問題になる**割合**や**図表**の問題であれば、
「もとにする量」＝全体　（例えば、日本全体の人口）
「比べられる量」＝部分　（例えば、東京の人口）
というように考えたほうがわかりやすい。

その場合、つぎのように表せる。

公式を図で表すと…

- 割合（％）＝部分÷全体×100
- 部分＝全体×割合
- 全体＝部分÷割合

（本書では、この3公式を使用する）

[例題1]　400円は5000円の何％か。

　部分＝400円、全体＝5000円、求めるのは割合（％）。

　割合（％）＝部分÷全体×100　だから、

　$400 ÷ 5000 × 100 = 8$ ％

[例題2]　2000人の45％は何人か。

　全体＝2000人、割合＝45％、求めるのは部分。

　部分＝全体×割合　だから、

　$2000 × \dfrac{45}{100} = 900$（人）

[例題3]　20％が100個であれば、もとは何個か。

　割合＝20％、部分＝100個、求めるのは全体。

　全体＝部分÷割合　だから、

　$100 ÷ \dfrac{20}{100} = 100 × \dfrac{100}{20} = 500$（個）

比とは？

- -

　2つの量の割合を「：」の記号を使って表したもの。

[例]　10gと20gなら、その比は

　　$10 ：20 = 1 ：2$ ・

> 分数の分母と分子と同じように同じ数で
> 割ったり、掛けたりすることができる

58

[例題４]　60gと150gを簡単な比で表しなさい。

$$60 : 150 = 2 : 5$$ どちらも30で割れる

比の値とは？

$a : b \Rightarrow a \div b = \dfrac{a}{b}$ で求められ、a が b の何倍になっているかを表す。

[例題５]　14：49の比の値を求めなさい。

$$14 : 49 \Rightarrow 14 \div 49 = \dfrac{14}{49} = \dfrac{2}{7}$$

比の性質

$a : b = c : d$　ならば、$ad = bc$　が成り立つ。

外項の積（外側どうしの掛け算）

$a : b = c : d \Rightarrow ad = bc$

内項の積（内側どうしの掛け算）

[例題６]　$x : 49 = 3 : 7$で、xを求めよ。

$a : b = c : d$　では、$ad = bc$　が成り立つので、

$$7x = 3 \times 49$$ まだ計算しないでおく

$$x = \dfrac{3 \times 49}{7} = \dfrac{3 \times \overset{7}{\cancel{49}}}{\cancel{7}} = 3 \times 7 = 21$$ 約分する

比例配分とは？

ある量を、決まった比で分けること。

全体の量を比の合計で割って、それぞれの比を掛ける。

[例]　10個を３：２に分ける。

$$10 \times \dfrac{3}{3+2} = 6 \quad と \quad 10 \times \dfrac{2}{3+2} = 4 \Rightarrow 6個と4個に分ける。$$

[例題7]　男女の比が5：3である40人のクラスには女子が何人
　　　　　いるか。

　5：3に分けるときは、全体を(5＋3＝)8等分し、5と3に分
ける。女子は3の方だから、全体の$\frac{3}{8}$

男子5　　　　　　　　　　女子3

$$40 \times \frac{3}{8} = 15$$

連比とは？

　3つ以上の数の比のこと。

[例題8]　$a：b＝3：2$、$b：c＝3：7$　のとき、$a：b：c$は
　　　　　どう表せるか。

$a：b＝3：2$を①、$b：c＝3：7$を②とする。

a ： b ： c

3 ： **2**　　　　　……①

　　　3 ： 7　……②

↑

(bの値を同じにする)

a ： b ： c

9 ： 6 　　　　……①×3

　　6 ： 14　……②×2
_____

9 ： 6 ： 14

2つの比に共通するbが同じ値になれば、合体できる。

よって、$a：b：c＝9：6：14$

つぎの x の値を求めなさい。

(1) 1320人の75%は x 人

(2) 360円の3割は x 円

(3) 5000円の x %は2100円

(4) x 個の18%は288個

(5) $12 : 51 = \dfrac{x}{17}$

(6) $x : 65 = 3 : 5$

(7) $28 : x = 7 : 11$

(8) $a : b = 3 : 4$ 、 $b : c = 6 : 5$ のとき、
$a : b : c = 9 : x : 10$

練習問題の正解＆解説

(1) 部分＝全体×割合 だから、

$1320 \times \dfrac{75}{100} = 1320 \times \dfrac{75}{100} = 1320 \times \dfrac{3}{4}$

$= 330 \times 3 = \mathbf{990}$（人）

(2) $360 \times \dfrac{3}{10} = 360 \times \dfrac{3}{10}$

$= 36 \times 3 = \mathbf{108}$（円）

(3) $\boxed{割合（\%）＝部分÷全体×100}$　だから、

$2100÷5000×100＝2100×\dfrac{1}{5000}×100$

$＝210÷5＝\mathbf{42}（\%）$

(4) $\boxed{全体＝部分÷割合}$　だから、

$288÷\dfrac{18}{100}＝288×\dfrac{\overset{50}{\cancel{100}}}{\underset{9}{\cancel{18}}}＝288×\dfrac{50}{9}$

$＝32×50＝\mathbf{1600}（個）$

(5) $12÷51＝\dfrac{12}{51}＝\dfrac{4}{17}$　　よって、$x＝\mathbf{4}$

(6) $x：65＝3：5$

$5x＝3×65$

$x＝\dfrac{3×\overset{13}{\cancel{65}}}{\cancel{5}}＝3×13＝\mathbf{39}$

> 3×65、11×28の面倒な計算は先にする必要なし。最後に x の係数で割るので、約分しやすくするためにも掛け算のままにしておく

(7) $28：x＝7：11$

$7x＝11×28$

$x＝\dfrac{11×\overset{4}{\cancel{28}}}{\cancel{7}}＝11×4＝\mathbf{44}$

(8) これは［例題8］とは異なるタイプの連比の問題。

「$a：b＝3：4$」と　$\boxed{a：b}：c＝\boxed{9：x}：10$の一部である

「$a：b＝9：x$」は等しいので、$3：4＝9：x$

$3x＝9×4$

$x＝\dfrac{\overset{3}{\cancel{9}}×4}{\cancel{3}}＝3×4＝\mathbf{12}$

> ・$a：b＝3：4$
> ・$b：c＝6：5$
> ・$a：b：c＝9：x：10$

別解

$a：b＝3：4＝9：x$

> 3 ➡ 9が3倍なので

> 4 ➡ x も3倍

よって、$x＝4×3＝\mathbf{12}$

10 単位の変換

- まず、何を求めるかを把握する。
- 単位を揃えて計算する。

長さ・距離の単位変換

x km$= x \times 1000$m　　x m$= x \times 100$cm　　x cm$= x \times 10$mm

x m$= x \times \dfrac{1}{1000}$km　　x cm$= x \times \dfrac{1}{100}$m　　x mm$= x \times \dfrac{1}{10}$cm

[例題1]　3.22kmは何mか。

$3.22 \times 1000 = 3220$m

「km」を「m」に変換するときは「×1000」

[例題2]　800mは何kmか。

$800 \times \dfrac{1}{1000} = 0.8$km

「m」を「km」に変換するときは「$\times \dfrac{1}{1000}$」

時間の単位変換

x 時間$= x \times 60$分$= x \times 3600$秒　　x 分$= x \times 60$秒

x 分$= x \times \dfrac{1}{60}$時間　　x 秒$= x \times \dfrac{1}{60}$分$= x \times \dfrac{1}{3600}$時間

[例題3]　2.5時間は何分か。

$2.5 \times 60 = 150$ 分

「時間」を「分」に変換するときは「×60」

[例題4]　25分は何時間か。

$25 \times \dfrac{1}{60} = \dfrac{25}{60} = \dfrac{5}{12}$ 時間

「分」を「時間」に変換するときは「$\times \dfrac{1}{60}$」

速度の単位変換

- -

$$時速\,x\,\text{km}=分速\,x\times\frac{1000}{60}\text{m}=秒速\,x\times\frac{1000}{3600}\text{m}$$

$$分速\,x\,\text{m}=時速\,x\times\frac{60}{1000}\text{km}$$

$$秒速\,x\,\text{m}=時速\,x\times\frac{3600}{1000}\text{km}$$

［例題5］　時速36kmは分速何mか。

$$36\times\frac{1000}{60}=分速600\,\text{m}$$

> 「km」を「m」にするのは「×1000」
> 「時間」を「分」にするのは「×$\frac{1}{60}$」

［例題6］　秒速10mは時速何kmか。

$$10\times\frac{3600}{1000}=時速36\,\text{km}$$

> 「秒」を「分」に変換するときに「×60」。
> さらに「時間」に変換するときに「×60」

> 「m」を「km」にするのは「×$\frac{1}{1000}$」
> 「秒」を「時間」にするのは「×3600（＝60×60）」

練 習 問 題

（　）内の単位に変換しなさい。

(1) 365cm（m）

(2) 870m（km）

(3) 3.6時間（分）

(4) 24分（時間）

(5) 7.5分（秒）

（6）時速54km（分速m）

（7）時速72km（秒速m）

（8）分速70m（時速km）

練習問題の正解＆解説

（1）$365 \times \dfrac{1}{100} = $ **3.65**m

（2）$870 \times \dfrac{1}{1000} = $ **0.87**km

（3）$3.6 \times 60 = $ **216**分

（4）$24 \times \dfrac{1}{60} = \dfrac{24}{60} = \dfrac{4}{10} = \dfrac{2}{5}$時間＝**0.4**時間

（5）$7.5 \times 60 = $ **450**秒

（6）$\overset{9}{54} \times \dfrac{1000}{\underset{\;}{60}} = 9 \times 100 = $分速**900**m

（7）$\overset{2}{72} \times \dfrac{1000}{3600} = $秒速**20**m

（8）$70 \times \dfrac{60}{1000} = \dfrac{42}{10} = $時速**4.2**km

11 計算の工夫

- ●SPI3非言語能力問題の攻略にはスピードがカギを握るが、なかでも計算のスピードは個人差が大きく、最初からその部分で差がついていることが多いようだ。
- ●つまり、計算にかかる時間を短縮することがSPI3非言語能力問題の攻略には不可欠である。ここでは、計算時間短縮のための工夫をいくつか紹介していく。
- ●ちょっとした工夫で、スピードアップを目指そう！

計算の順番の工夫をおさらい

四則演算のルール内で、計算しやすい順番に直して計算する。できる限り暗算できるのが望ましい。

[例題1]　56+37−16　を計算しなさい。

$5\textcircled{6}+37-1\textcircled{6}$　← 1の位が同じ6で引き算しやすいので、**先に引き算**

$=56-16+37$

$=40+37=77$

[例題2]　43−15+37　を計算しなさい。

$4\textcircled{3}-15+3\textcircled{7}$　← 1の位、3と7なら足して10になるので**先に足し算**

$=43+37-15$

$=80-15=65$

[例題3]　22−19+38−31　を計算しなさい。

$2\textcircled{2}-1\textcircled{9}+3\textcircled{8}-3\boxed{1}$　← 足し算どうしを足し、**引き算どうしを足して**、最後に引き算する

$=(22+38)-(19+31)$

$=60-50$

$=10$

2桁の掛け算は約数に分解して九九で計算する

　2桁の掛け算は筆算することが多いが、1桁の掛け算に分解することで、計算が簡単になる。慣れてくれば暗算も可能だろう。

　とくに、5の倍数と2の倍数(偶数)の組み合わせなら、5×2＝10となり、計算しやすくなる。

[例題4]　18×35　を計算しなさい。

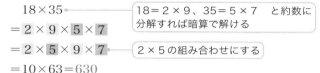

18×35
$= 2 \times 9 \times 5 \times 7$
$= 2 \times 5 \times 9 \times 7$
$= 10 \times 63 = 630$

18＝2×9、35＝5×7　と約数に分解すれば暗算で解ける

2×5の組み合わせにする

[例題5]　25×16を　計算しなさい。

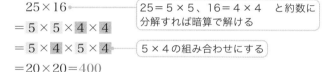

25×16
$= 5 \times 5 \times 4 \times 4$
$= 5 \times 4 \times 5 \times 4$
$= 20 \times 20 = 400$

25＝5×5、16＝4×4　と約数に分解すれば暗算で解ける

5×4の組み合わせにする

2桁の掛け算表

　九九の延長で2桁×1桁、2桁×2桁(11〜20程度)の計算も覚えておくと計算が速くなる。とくに、12、15、25の倍数は、時間の計算や百分率の計算で頻出なので、そこだけでも覚えておくと有利。
※2桁の掛け算表は、P.72に掲載。

2桁の割り算は分数にして約分する

　割り算は割る数を逆数にして掛け算する。数字が大きく、約分が簡単にできないときは、約数に分解しておくとよい。

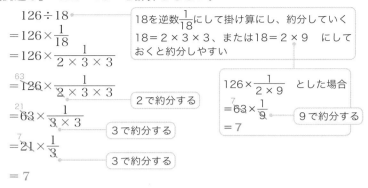

簡単な2桁×1桁の掛け算・割り算は暗算できるようになろう

　2桁以上の掛け算を暗算する方法は、「インド式計算」や「おさかなプレートを使ったゴースト暗算」などさまざまある。余力のある方は身につけておくとSPI3でも圧倒的に有利である。ただ、就活で忙しい皆さんにとって、これから習得するには少々ハードルが高いかもしれない。

　右ページから、簡単な暗算方法を紹介する。汎用性はないが、知っておくと簡単に解けることもある。

2倍や2分の1（半分）の暗算ができるようにしておこう！

　2倍は、買い物をするときに同じ値段の物を2個買ったときや、交通費の往復料金など、日常でもよく使う計算。

　130円のおにぎりを2個買ったら260円、片道190円の往復なら380円など、日ごろから暗算で求めるようにしておこう。

　また、2分の1は2人で食事などをしたときに割り勘するときに使う。2人で1700円なら1人850円というように暗算を。

　このような日常での金銭の計算を暗算でやる習慣をつけておくと、計算力は上がっていく。

4と8の掛け算・割り算

1 「×4」の計算は「×2×2」に直して暗算する。

[例題7]　23×4　を計算しなさい。

23×4　　　　　|暗算で2倍して、さらに2倍する|
$= 23 \times 2 \times 2 = 46 \times 2 = 92$

2 「×8」の計算は「×2×2×2」に直して暗算する。

[例題8]　17×8　を計算しなさい。

$17 \times 8 = 17 \times 2 \times 2 \times 2$　|暗算で2倍を3回繰り返す|
$= 34 \times 2 \times 2 = 68 \times 2 = 136$

3 「÷4」の計算は「÷2÷2」に直して暗算する。

[例題9]　76÷4　を計算しなさい。

$76 \div 4 = 76 \div 2 \div 2$　|暗算で半分にして、さらに半分にする|
$= 38 \div 2 = 19$

4 「÷8」の計算は「÷2÷2÷2」に直して暗算する。

[例題10]　112÷8　を計算しなさい。

$112 \div 8 = 112 \div 2 \div 2 \div 2$　|暗算で3回半分にする|
$= 56 \div 2 \div 2 = 28 \div 2 = 14$

5の掛け算・割り算

5 「×5」の計算は「$\times \frac{10}{2}$」に直して暗算する。

|2で割って10倍する|

[例題11]　18×5　を計算しなさい。

$$18 \times 5 = 18 \times \frac{10}{2} = 9 \times 10 = 90$$

暗算で半分にしてから10倍する

6 「÷5」の計算は「$\div \frac{10}{2} = \times \frac{2}{10}$」に直して暗算する。
　➡ 2倍して10分の1にする（0を1つ取る）。

[例題12]　360÷5　を計算しなさい。

$$360 \div 5 = 360 \div \frac{10}{2} = 360 \times \frac{2}{10} = 720 \times \frac{1}{10} = 72$$

暗算で2倍にして、10分の1に
する（0を1つ取る、または小
数点の位置を1つ左にずらす）

分配法則とは？(P.47参照)
$a(b+c) = ab + ac$
$a(b-c) = ab - ac$

分配法則・乗法公式を利用しよう

1 **分配法則**を利用して、掛ける数字を「$10+\alpha$」や「$10-\alpha$」
　に直すと計算が簡単になることがある。

[例題13]　18×11　を計算しなさい。

$$18 \times 11 = 18 \times (10 + 1)$$

11は(10+1)に直して計算する

$$= 18 \times 10 + 18 \times 1 = 180 + 18 = 198$$

[例題14]　27×9　を計算しなさい。

$$27 \times 9 \quad = 27 \times (10 - 1)$$

9は(10−1)に直して計算する

$$= 27 \times 10 - 27 \times 1 = 270 - 27 = 243$$

2 **乗法公式**$(a+b)(a-b) = a^2 + b^2$　を利用する。

　$(a+b)(a-b)$の形に直せる掛け算なら、試す価値あり！

[例題15]　42×38　を計算しなさい。

$$42 \times 38 = (40 + 2)(40 - 2)$$

42は(40+2)、38は(40−2)
に直して計算する

$$= 40^2 - 2^2 = 1600 - 4 = 1596$$

練 習 問 題

つぎの計算をしなさい。

(1) $43-19+37$　　　　　　(2) $51-24-46+49$

(3) 25×24　　(4) $288\div36$　　(5) 19×8　　(6) $96\div4$

(7) 34×5　　(8) $65\div5$　　(9) 26×19　　(10) 103×97

練習問題の正解＆解説

工夫して計算してみよう
できるだけ暗算で解答しよう

(1) $43-19+37=\boxed{43+37}-19$
$=80-19=\mathbf{61}$

(2) $51-24-46+49=\boxed{51+49}-\boxed{(24+46)}=100-70=\mathbf{30}$

(3) $25\times24=5\times5\times4\times6=\boxed{5\times4}\times\boxed{5\times6}=20\times30=\mathbf{600}$

(4) $288\div36=288\times\dfrac{1}{36}$
$=\overset{144}{288}\times\dfrac{1}{\boxed{2\times2}\times9}=\overset{72}{144}\times\dfrac{1}{2\times9}=\overset{8}{72}\times\dfrac{1}{9}=\mathbf{8}$

(5) $19\times8=19\times\boxed{2\times2\times2}=38\times2\times2=76\times2=\mathbf{152}$

(6) $96\div4=96\boxed{\div2\div2}=48\div2=\mathbf{24}$

(7) $34\times5=34\boxed{\div2\times10}=17\times10=\mathbf{170}$

(8) $65\div5=65\boxed{\times2\div10}=130\div10=\mathbf{13}$

(9) $26\times19=26\times(20-1)=520-26=\mathbf{494}$

(10) $103\times97=(100+3)(100-3)$
$=100^2-3^2=10000-9=\mathbf{9991}$

2桁の掛け算表 ※とくに太字の数字は覚えておくと有益です

	2	3	4	5	6	7	8	9	10	11	12	13	14	15	16	17	18	19	20
11	22	33	44	55	66	77	88	99	110	121	132	143	154	165	176	187	198	209	220
12	**24**	**36**	**48**	**60**	**72**	**84**	**96**	**108**	**120**	**132**	**144**	**156**	**168**	**180**	**192**	**204**	**216**	**228**	**240**
13	26	39	52	65	78	91	104	117	130	143	156	169	182	195	208	221	234	247	260
14	28	42	56	70	84	98	112	126	140	154	168	182	196	210	224	238	252	266	280
15	**30**	**45**	**60**	**75**	**90**	**105**	**120**	**135**	**150**	**165**	**180**	**195**	**210**	**225**	**240**	**255**	**270**	**285**	**300**
16	**32**	**48**	**64**	**80**	**96**	**112**	**128**	**144**	**160**	**176**	**192**	**208**	**224**	**240**	**256**	**272**	**288**	**304**	**320**
17	34	51	68	85	102	119	136	153	170	187	204	221	238	255	272	289	306	323	340
18	**36**	**54**	**72**	**90**	**108**	**126**	**144**	**162**	**180**	**198**	**216**	**234**	**252**	**270**	**288**	**306**	**324**	**342**	**360**
19	38	57	76	95	114	133	152	171	190	209	228	247	266	285	304	323	342	361	380
20	40	60	80	100	120	140	160	180	200	220	240	260	280	300	320	340	360	380	400
21	42	63	84	105	126	147	168	189	210	231	252	273	294	315	336	357	378	399	420
22	44	66	88	110	132	154	176	198	220	242	264	286	308	330	352	374	396	418	440
23	46	69	92	115	138	161	184	207	230	253	276	299	322	345	368	391	414	437	460
24	**48**	**72**	**96**	**120**	**144**	**168**	**192**	**216**	**240**	**264**	**288**	**312**	**336**	**360**	**384**	**408**	**432**	**456**	**480**
25	**50**	**75**	**100**	**125**	**150**	**175**	**200**	**225**	**250**	**275**	**300**	**325**	**350**	**375**	**400**	**425**	**450**	**475**	**500**

第2章

非言語能力問題

01 整数問題

● WEBテスティングでのみ出題されているが、それ以外でも整数の基本的な性質についての理解は必要。しっかり把握しておこう。

覚えておきたい整数の性質（練習問題（4）で使用）

和の法則	積の法則
奇数＋奇数＝偶数	**奇数×奇数＝奇数**
奇数＋偶数＝奇数	奇数×偶数＝偶数
偶数＋偶数＝偶数	偶数×偶数＝偶数

[例題]　空欄に当てはまる数値を求めなさい。

（1）　2桁の正の整数 x は、17で割り切れて、15で割ると4余る。整数 x は〔　　　　〕である。

Step 1　17で割り切れる数、つまり17の倍数で2桁になる数を書き出す。

$17 \times 1 = 17$　　　$17 \times 2 = 34$　　　$17 \times 3 = 51$

$17 \times 4 = 68$　　　$17 \times 5 = 85$

Step 2　その中で、15で割ると4余る数、つまり15の倍数に4加えた数を探す。

速解ポイント

15の倍数の1の位は0か5なので、4余るということは1の位が4か9。17の倍数の中から、1の位が4か9の数字を探し、15で割って4余るかを確認すればよい。

1の位が4か9の数は、34だけ。よって正解は、34

念のため検算をすると、34÷15＝2…4（余り4）

（2）X、Y、Zは1から9までの異なる整数であり、以下のこと
がわかっている。
　　　ア．3X＝Y　　　イ．Y＋Z＝12
　　このとき、Zは〔　　　〕である。

Step 1 「ア．3X＝Y」から、Yは3の倍数（偶数）だから、3、6、
9のどれか。

Y＝3　なら　X＝1
Y＝6　なら　X＝2
Y＝9　なら　X＝3

Step 2 「イ．Y＋Z＝12」から、Zを検証する。

Y＝3　なら　Z＝9　○ ➡ 条件に合う
Y＝6　なら　Z＝6　✕ ➡ YとZがともに6になり、「異な
　　　　　　　　　　　　　　る整数」という条件に反する
Y＝9　なら　Z＝3　✕ ➡ XとZがともに3になり、「異な
　　　　　　　　　　　　　　る整数」という条件に反する

よって正解は、9

速解ポイント

X、Y、Zの値を表にすると、わかりやすい。

X	1	2	3
Y	3	6	9
Z	9○	6✕	3✕

空欄に当てはまる数値を求めなさい。

(1) 2桁の正の整数Pは、3でも5でも割り切れるが、8で割ると3余る。整数Pは〔　　〕である。

(2) 4つの整数がある。4つの数の積は36で、和は12である。このとき、4つの数のうち最も大きい数は〔　　〕である。

(3) 2つの整数X、Yがある。Xの1/4はYの1/5であり、XとYの差は2であるとすると、Xは〔　　〕である。

(4) 4つの正の整数P、Q、R、Sについて、以下のことがわかっている。
   ア. P＋Q＋R＋S＝30
   イ. P＝3Q
   ウ. R＝4S
このとき、Pは〔　　〕である。

練習問題の正解&解説

(1) 75

「3でも5でも割り切れる」ということは、3と5の公倍数。

2桁の3と5の公倍数は、15、30、45、60、75、90の5つ。

その中で、「8で割ると3余る」のは、8×9＋3＝**75**

> 速解ポイント
> 8の倍数は偶数で、それに3を加えた数は奇数になる。したがって、奇数の15、45、75のどれか。
> それぞれ8で割って3余るかどうかを試せばよい

（2）6　「積」とは掛け算（乗法）の結果のこと

「積が36になる」ということは、4つの数すべてが36の約数である。

36の約数は、1、2、3、4、6、9、<u>12、18、36</u>

この中で、「積が36」「和が12」になる組み合わせは、

　1、2、3、6　　　「和は12」という条件があるため、12以上は無視してよい

よって最も大きい数は、6

念のため検算すると、

　　積は、$1 \times 2 \times 3 \times 6 = 36$

　　和は、$1 + 2 + 3 + 6 = 12$

（3）8

YとXどちらが大きい？
「Xの$\frac{1}{4}$」＝「Yの$\frac{1}{5}$」
であることから「Y＞X」であることがわかる

$\frac{1}{4}X = \frac{1}{5}Y$　…①

$Y - X = 2 \Rightarrow Y = 2 + X$　…②

①に②を代入する。$\frac{1}{4}X = \frac{1}{5}(2 + X)$　　両辺に20を掛ける

　$\Rightarrow 5X = 4(2 + X)$

　$\Rightarrow 5X - 4X = 8 \Rightarrow X = 8$

（4）15

アの式にイ、ウを代入する　$\Rightarrow 3Q + Q + 4S + S = 30$

整理すると、$4Q + 5S = 30$　　偶数＋偶数＝偶数

30は偶数。4Qは4の倍数なので偶数。したがって、5Sも偶数。

5Sは「5の倍数で偶数」ということになるので、<u>10か20</u>となる。

　$5S = 10$　なら　$4Q = 20$

　　　　　　　　　　$\Rightarrow Q = 5$　○　　30ではアに反する

　$5S = 20$　なら　$4Q = 10$

　　　　　　　　　　$\Rightarrow Q = 2.5$　×　　Qが整数ではない

よって$Q = 5$と決まるので、「イ．$P = 3Q$」に代入して、$P = 15$

02 平均・等分・清算

● この単元では、「平均する」「均一に分ける」ことに関する問題を扱う。

[例題1]　空欄に当てはまる数値を求めなさい。

体重55kgの人が4人と、体重52kgの人が3人いる。平均体重は〔　　　〕kgである（必要なときは、最後に小数点以下第2位を四捨五入すること）。　**WEBテスティング**

平均を求めるには、全体の合計を求めて、人数（個数）で割る。

- 合計＝平均×人数（個数）
- 平均＝合計÷人数（個数）

Step1 合計を求める。

55kgの人が4人　だから、$55 \times 4 = 220$

52kgの人が3人　だから、$52 \times 3 = 156$

合計して、$220 + 156 = 376$

Step2 平均を求める。

人数の合計は、$4 + 3 = 7$

$376 \div 7 = 53.71\cdots$

小数点以下第2位の数は「1」なので、切り捨てになる。

よって正解は、53.7

式をまとめると、

$(55 \times 4 + 52 \times 3) \div 7$

$= (220 + 156) \div 7 = 376 \div 7$

$= 53.71\cdots$

「必要なときは、最後に小数点以下第2位を四捨五入すること」 とはどういうこと？

　「必要なとき」とは、割り算の計算で答えが割り切れないとき、 ということ。

　この問題では、376÷7＝53.714285…と小数点以下何位 になっても割り切れない。そのため、何らかの指示がなければ、
- 53（小数点以下を切り捨て）
- 54（小数点以下第1位を切り上げ）
- 53.71（小数点以下第3位を四捨五入）

などの解答も可能で、解答を1つに絞ることはできない。

　「小数点以下第2位を四捨五入する」との指示があれば、小 数点以下第1位までで、しかも第2位は四捨五入すると決まる。

　四捨五入とは、1、2、3、4は切り捨て、5、6、7、8、 9は切り上げという意味。したがって、53.714285…では、 小数点以下第2位の数は「1」なので、切り捨てになる。

　ちなみに、この但し書きがある場合でも、答えが割り切れる ことも多いので、必ずしも指示に従うケースばかりではない。 あくまでも「必要なとき＝割り切れないとき」のための但し書 きだと思っておこう。

[例題2]　3人でクリスマスパーティーの買い出しをした。食料品 は11700円でXが支払い、ワインは4300円でYが支払 い、ケーキと装飾雑貨は5600円でZが支払った。3人 が同額ずつ負担するには、YとZはXにそれぞれいくら 支払えばよいか。　**ペーパーテスティング&テストセンター**

A. Yは2400円、Zは1500円　　**B.** Yは2900円、Zは1600円

C. Yは3200円、Zは1900円　　**D.** Yは1500円、Zは2400円

1人当たりの費用を求める。

　かかった費用である、食料品、ワイン、ケーキ、装飾雑貨の合計を3等分する。

　(11700＋4300＋5600)÷3＝21600÷3＝7200円

Step 2 3人が均等に負担するように支払う額を求める。

　ここまでの3人の負担額を整理すると、下表のようになる。

X	Y	Z
11700円	4300円	5600円

　Y、Zは7200円より少ない額しか払っていないので、差額をXに支払う。その額はそれぞれ、

　Y　7200－4300＝2900(円)

　Z　7200－5600＝1600(円)

よって、Yは2900円、Zは1600円支払うので、正解は、 B

解法のポイント

● 均等割り＝支払額の和÷人数

● 差額＝均等割り－実際の支払額

練 習 問 題 (1)～(4)WEBテスティング／(5)ペーパーテスティング&テストセンター

(1) 空欄に当てはまる数値を求めなさい。

　　P、Q、Rの3人の年齢について、以下のことがわかっている。

　　　ア．3人の平均は27歳だった

　　　イ．Qの年齢は、PとRの年齢の平均より3歳年下だった

　　このとき、Qの年齢は〔　　　〕歳である。

(2) 空欄に当てはまる数値を求めなさい。

P、Q、Rの3人で旅行に出かけ、Pがホテル代を、Qがガソリン代などの交通費を支払った。ホテル代と交通費を3等分することにし、PがQから8200円、Rから13600円受け取って清算した。このとき、ホテル代は〔　　　〕円である。

(3) 空欄に当てはまる数値を求めなさい。

大容量のボトルに入った洗剤を7個の小型ボトルに等分に分けると、6個の小型ボトルに分けた場合に比べて、1ボトル当たりの量が20cc少なくなる。このとき、大容量のボトルに入った洗剤の量は〔　　　〕ccである。

(4) 空欄に当てはまる数値を求めなさい。

X、Y、Zの3人が数学の試験を受けた。その結果について、以下のことがわかっている。

ア．3人の平均点は54点だった

イ．Yの点数は、XとZの平均点より6点高かった

このとき、Yの点数は〔　　　〕点である。

(5) P、Q、Rの3人がキャンプをした。キャンプ用品のレンタル料11300円をPが支払い、3人分の食料品代7900円をQが支払った。

❶ この時点で3人が同額ずつ負担するとすれば、Rはだれにいくら払えばよいか。

A. Pに3900円、Qに2500円

B. Pに4900円　Qに1500円

C. Pに5100円、Qに1500円

D. Pに4900円　Qに1500円

❷ 往復の交通費は7200円かかり、Rが支払った。往復の交通費、
キャンプ用品のレンタル料、食料品代のすべてを合計して3人
が同額ずつ支払うとすると、QとRはPにいくらずつ支払えば
よいか。

A. Qが600円、Rが1300円
B. Qが700円、Rが1400円
C. Qが800円、Rが1500円
D. Qが900円、Rが1600円

練習問題の正解&解説

(1) 25

アより、P＋Q＋R＝27×3＝81 …①

イより、Q＝(P＋R)÷2－3 …②

①に②を代入　P＋{(P＋R)÷2－3}＋R＝81 ←──┐
　　　　　　　　　　　　　　　　　　　　　　　　┌─────────┐
　➡ 2P＋P＋R－6＋2R＝162　　　　　　　　　│両辺に2を掛ける│
　　　　　　　　　　　　　　　　　　　　　　　└─────────┘
　➡ 3P＋3R＝168 ← ┌──────┐
　　　　　　　　　　│両辺を3で割る│
　　　　　　　　　　└──────┘
　➡ P＋R＝56 …③

③を②に代入　Q＝56÷2－3＝28－3＝**25**

(2) 35400

Rは何の支払いもしていないので、RがPに支払った13600円が均
等割り（1人当たり）の額になる。

ホテル代は、Pの「均等割りの額」＋「Q、Rから受け取った額の合計」
なので、13600＋8200＋13600＝**35400**

(3) 840

求める値をxとおく。

7個のボトルに分ける場合、1個は、$\dfrac{x}{7}$

6個のボトルに分ける場合、1個は、$\dfrac{x}{6}$

$$\frac{x}{7} = \frac{x}{6} - 20$$

両辺に分母7と6の最小公倍数42を掛ける

➡ $6x = 7x - 20 \times 42$

➡ $6x - 7x = -20 \times 42$

➡ $x = 840$

(4) 58

アより、X + Y + Z = 54 × 3 = 162 …①

イより、Y = (X + Z) ÷ 2 + 6 …②

①に②を代入 X + {(X + Z) ÷ 2 + 6} + Z = 162

両辺に2を掛ける

➡ 2X + X + Z + 12 + 2Z = 324

➡ 3X + 3Z = 312 ← 両辺を3で割る

➡ X + Z = 104 …③

③を②に代入 Y = 104 ÷ 2 + 6 = 52 + 6 = 58

(5) ❶ B **❷** D

❶ かかった費用、すなわちレンタル料と食料品代の合計を3等分する。

(11300 + 7900) ÷ 3 = 19200 ÷ 3 = 6400

P、Qが6400円を超えて払い過ぎている額をRがそれぞれに支払う。

Pは11300 − 6400 = 4900、Qは7900 − 6400 = 1500

よって、Pに4900円、Qに1500円支払う。

❷ ❶からの追加分であるRの支払い額7200円を3等分すると、

7200 ÷ 3 = 2400

よって、1人当たりの支払い額は、6400 + 2400 = 8800

Q、Rの差額はそれぞれ、

Qが8800 − 7900 = 900円、Rが8800 − 7200 = 1600円

03 単価・個数・総額

● 単価・個数・総額の問題は、主にWEBテスティングで出題されているが、ペーパーテスティングやテストセンターでも見られる。一定のパターンはなく、さまざまなタイプの問題があるので、問題の傾向に慣れておこう。

[例題] 子ども会で動物園に行った。入場料は大人1200円、子どもは600円である。大人と子ども合わせて12人で入場して全部で10200円支払った。このとき、子どもは何人か。

ペーパーテスティング&テストセンター

A. 5人　　B. 6人　　C. 7人
D. 8人　　E. 9人　　F. 10人

Step 1 子どもの人数を x とおいて、情報を表に整理する。

縦に「単価」と「人数(個数)」、横に単価の異なる「大人」と「子ども」。縦横の最後に「合計」の欄を設ける。

単価の欄の合計は不要

	大人	子ども	合計
入場料の単価	1200	600	
人数	$12-x$	x	12
合計			10200

合計人数から「子どもの人数」を
引いたものが大人の人数

全部の合計

Step 2 大人の合計、子どもの合計の欄を埋めて、方程式をつくる。

● それぞれの合計は、単価×人数で求められる。
● 全体の合計は、大人の合計＋子どもの合計で求められる。

	大人	子ども	合計
入場料の単価	1200	600	
人数	×	×	
	12 − x	x	12
合計	1200(12 − x) +	600x	=	10200

$1200(12-x)+600x=10200$ ←

第2章 非言語能力問題

Step 3 方程式を解く。

$$14400-1200x+600x=10200$$
$$-600x=10200-14400$$
$$600x=4200$$
$$x=7$$

よって正解は、C

練 習 問 題 【(1)、(2)WEBテスティング/(3)ペーパーテスティング&テストセンター】

(1) 空欄に当てはまる数値を求めなさい。

245円の缶ビールと130円の缶チューハイを合わせて30本注文した。配送料が300円かかり、合計で5580円支払った。このとき、注文した缶チューハイは〔　　　〕本である。

(2) 空欄に当てはまる数値を求めなさい。

100gあたり380円の豚肉〔　　　〕gと1パック270円の卵を2パック買って2000円出すと、おつりは130円である。

(3) ある料理教室でクッキーを120個作り、25袋に分けてラッピングした。1袋には4個か5個か6個入っている。

❶ 4個入りの袋が9袋だった場合、5個入りの袋はいくつか。

    A. 4袋   **B.** 5袋   **C.** 8袋

    D. 10袋   **E.** 12袋   **F.** 15袋

❷ 4個入りと5個入りの袋の数が同じだった場合、6個入りの袋はいくつか。

    A. 4袋   **B.** 5袋   **C.** 8袋

    D. 10袋   **E.** 12袋   **F.** 15袋

練習問題の正解&解説

(1) 18

缶チューハイの本数を x とおいて、表に整理して、方程式を立てる。

	缶ビール	缶チューハイ	合計
単価	245	130	
本数	30 − x	x	30
合計	**245(30 − x)** +	**130x** =	**5580 − 300**

（単価の行と本数の行の間に × 印）

$$245(30 - x) + 130x = 5580 - 300$$

$$7350 - 245x + 130x = 5280$$

配送料を引く

$$-245x + 130x = 5280 - 7350$$

$$-115x = -2070 \Rightarrow x = 18$$

(2) 350

豚肉の代金は「支払額−おつり−卵の代金」だから、

$$2000 - 130 - 270 \times 2 = 1330$$

電卓を使う場合
2000−130 まで計算したら、M+ のキーを押し、つぎに、270×2で M− のキーを押し、最後に、MRC または MR のキーを押すと、1330が表示される

86

豚肉の単位は100gなので、1gあたりに直して$\left(\div\frac{380}{100}\right)$計算する。

$$1330\div\frac{380}{100}=1330\times\frac{100}{380}=\mathbf{350}$$

> 電卓を使う場合
> 1330×100÷380
> または、1330÷3.8

別解 豚肉の重量をxとおくと、

$$\frac{380}{100}\times x+270\times 2=2000-130$$

> 両辺に100を掛ける

$$380x+54000=187000$$

$$380x=187000-54000=133000\quad x=\mathbf{350}$$

(3) ❶ E   ❷ B

❶ 5個入りの袋の数をxとして袋の数とクッキーの個数を表にする。

	4個入り	5個入り	6個入り	合計
袋数	9	x	$25-9-x=16-x$	25
個数	$4\times 9=36$	$5x$	$6(16-x)$	120

> 合計25から、4個入りと5個入りの袋の数を引く

方程式を立てて解くと、

$$36+5x+6(16-x)=120$$

➡ $x=12$袋　よって正解は、**E**

> 求める6個入りの袋の数をxとおくと、他が分数での表示になり計算が厄介になるため、4個入りと5個入りの袋の数の方をxとしたほうがよい

❷ 4個と5個入りの袋の数をxとおき、袋の数とクッキーの個数を表にする。

	4個入り	5個入り	6個入り	合計
袋数	x	x	$25-2x$	25
個数	$4x$	$5x$	$6(25-2x)$	120

方程式を立てて解くと、

$$4x+5x+6(25-2x)=120\ \Rightarrow\ x=10$$

問われているのは、6個入りの袋の数なので、

$25-2x$に、$x=10$ を代入して、

$25-2\times 10=25-20=\mathbf{5}$袋　よって正解は、**B**

**別解** 4個と5個入りの袋の数をx、6個入りの袋の数をyとおいて表にする。

	4個入り	5個入り	6個入り	合計
袋数	x	x	y	25
個数	$4x$	$5x$	$6y$	120

連立方程式を立てて解く。

袋数　$x+x+y=25$

　　➡ $2x+y=25$　…①

個数　$4x+5x+6y=120$

　　➡ $9x+6y=120$ ⟵ 両辺を3で割る

　　➡ $3x+2y=40$　…②

①×3－②×2　を計算する。

$$6x+3y=75$$
$$-)\ 6x+4y=80$$
$$\overline{\qquad -y=-5} ➡ y=5袋$$

連立方程式にして解く方がひと手間多くかかるので、なるべく一次方程式で解くようにしよう！　ただし、❷のような問題では連立方程式の方が解きやすいかもしれないので、ケースバイケースで判断する。

CHECK!

04 割合・比・仕事算

● 割合や比にかかわる問題は、ペーパーテスティング、テストセンター、WEBテスティングの3方式すべてで出題され、さまざまな形式がある。しっかり対策しておこう。

[例題1] 空欄に当てはまる数値を求めなさい。
ある会社の社員のうち、85％が電車通勤をしており、そのうち40％は地下鉄を利用している。通勤に地下鉄を利用している社員が255人のとき、この会社の社員は〔　　　　〕人である。　　　　**WEBテスティング**

Step 1 全体の中での割合を求める。

電車通勤している85％のうちの地下鉄を利用している社員の割合は40％なので、

$$\frac{85}{100}\times\frac{40}{100}=\frac{\overset{17}{\cancel{85}}}{\underset{20}{\cancel{100}}}\times\frac{\overset{2}{\cancel{40}}}{\underset{5}{\cancel{100}}}=\frac{34}{100}$$

電卓を使う場合
0.85×0.4＝0.34

イメージ図

全体 100％

電車 85％

地下鉄 40％

Step 2 全体を求める。

求めるのは社員全体なので、

全体＝部分÷割合　の公式を使って

$$255\div\frac{34}{100}=255\times\frac{100}{34}=750$$

電卓を使う場合
255×100÷34
または
255÷0.34＝750

よって正解は、750人

[例題2] 空欄に当てはまる数値を求めなさい。

P地区、Q地区、R地区の人口の比はP：Q＝7：5、Q：R＝3：7である。Qの人口が1440人のとき、P地区とR地区の人口の差は〔　　　〕人である。

WEBテスティング

Step1 Pの人口を求める。

P： Q ＝7：5 に、Q＝1440 を代入して

P：1440＝7：5

➡ 5P＝1440×7

$a : b = c : d$
$\Rightarrow a d = b c \Rightarrow$ P.59

P＝1440×7÷5＝1440÷5×7＝288×7＝2016

Step2 Rの人口を求める。

Q：R＝3：7 に、Q＝1440 を代入して

1440：R＝3：7 ➡ 3R＝1440×7

R＝1440×7÷3＝1440÷3×7＝480×7＝3360

Step3 PとRの差を求める。

Rの方が大きいので、R－P ➡ 3360－2016＝1344

よって正解は、1344人

簡単計算法

P、Rの値を最後まで求めずに、P＝288×7、R＝480×7のままにしておくと、分配法則で計算が楽になる。

R－P＝480×7－288×7

分配法則を使って、7×(480－288)＝7×192＝1344

[例題3]　パソコンを12回の分割払いで購入した。初回はパソコンの代金全体の$\frac{1}{9}$を支払い、2回目以降は初回支払い後の残額を均等割りして支払うことになった。第2回の支払いはパソコン代金のどれだけになるか。

ペーパーテスティング&テストセンター

A. $\frac{1}{10}$　　**B.** $\frac{1}{11}$　　**C.** $\frac{1}{12}$

D. $\frac{2}{27}$　　**E.** $\frac{8}{99}$　　**F.** $\frac{11}{197}$

Step1 初回支払い後の残額（の割合）を求める。

全体を1と考えるので初回が全体の$\frac{1}{9}$であれば

残額は$1-\frac{1}{9}=\frac{8}{9}$

Step2 第2回の支払額の割合を求める。

残額$\frac{8}{9}$を第2回から第12回までの11回で均等割りするので、$\frac{8}{9}$を11で割ればよい。

$$\frac{8}{9}\div 11=\frac{8}{9}\times\frac{1}{11}=\frac{8}{99}$$

分数の割り算
逆数を掛ければよい ➡ P.33

よって正解は、E

[例題4]　ある仕事をPが1人でやると9日間かかり、Qが1人でやると6日間かかるという。この仕事をPとQの2人でやると何日目に終わらせることができるか。

ペーパーテスティング&テストセンター

A. 3日目　　**B.** 4日目　　**C.** 5日目

D. 6日目　　**E.** 7日目　　**F.** 8日目

全体の仕事量を「1」とおき、1日の仕事量を求める。

全体の仕事量とP、Qそれぞれの1日の仕事量の関係を図示すると、

全体の仕事量　1								
Pの 1日目	2日目	3日目	4日目	5日目	6日目	7日目	8日目	9日目
Qの 1日目		2日目		3日目		4日目		5日目		6日目

Pは仕事量1の仕事を9日間で終わらせるので、

1日の仕事量は全体の$\frac{1}{9}$

Qは仕事量1の仕事を6日間で終わらせるので、

1日の仕事量は　全体の$\frac{1}{6}$

Step 2 方程式を立てる。

2人で仕事を終えるのにかかる日数をx日とおき、方程式を立てる。

Pのx日間の仕事量＋Qのx日間の仕事量＝全体の仕事量1

$\frac{1}{9}x + \frac{1}{6}x = 1$

表にして整理すると、機械的に方程式が立つ

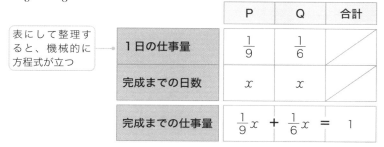

	P	Q	合計
1日の仕事量	$\frac{1}{9}$	$\frac{1}{6}$	
完成までの日数	x	x	
完成までの仕事量	$\frac{1}{9}x$	$+$　$\frac{1}{6}x$	$=$　1

Step 3 方程式を解く。

$\frac{1}{9}x \times 18 + \frac{1}{6}x \times 18 = 1 \times 18$

分母9と6の最小公倍数18を両辺に掛ける

$\Rightarrow \quad 2x + 3x = 18$

$\Rightarrow \qquad 5x = 18$

$\Rightarrow \qquad\quad x = 3.6$

3.6日ということは4日目に終わるということ。よって正解は、**B**

練 習 問 題　　　(1)～(4)、(6)WEBテスティング
(5)、(7)ペーパーテスティング&テストセンター

(1) 空欄に当てはまる数値を求めなさい。

あるアンケートの回答者の居住地は関東地方が全体の31%で、そのうち48%が東京都だった。アンケート回答者全体に占める東京都居住者の割合は〔　　　〕%である（必要なときは、最後に小数点以下第2位を四捨五入すること）。

(2) 空欄に当てはまる数値を求めなさい。

ある中学校の1年生のうち、P小学校出身者が25%、Q小学校出身者が40%、R小学校出身者が35%だった。R小学校出身者が56人だったとすると、1年生は全部で〔　　　〕人である。

(3) 空欄に当てはまる数値を求めなさい。

学生と社会人が参加するセミナーがP、Qの2会場で開催された。学生の参加者の45%にあたる27人がP会場に参加した。2会場合わせて参加した学生と社会人の数が5：7だったとすると、参加した社会人は〔　　　〕人である。

(4) 空欄に当てはまる数値を求めなさい。

ある支社の社員は、男性と女性の比が5：4であったが、女性が2人退社したので、4：3になった。この支社の男性社員は〔　　　〕人である。

（5）あるグループが海外旅行のツアーに参加することになり、契約時に総額の$\frac{4}{15}$を支払った。

❶ 旅行の直前に最初の支払額の半分を支払い、旅行後に残りの全額を支払うものとすると、旅行後に支払う金額は総額のどれだけにあたるか。

A. $\frac{8}{15}$　　B. $\frac{3}{5}$　　C. $\frac{2}{3}$

D. $\frac{11}{15}$　　E. $\frac{4}{5}$　　F. $\frac{13}{15}$

❷ 旅行の直前に総額の$\frac{1}{4}$を支払い、旅行後に残りの全額を支払うものとすると、旅行後に支払う金額は契約時の支払額のどれだけにあたるか。

A. $\frac{1}{2}$　　B. $\frac{3}{4}$　　C. $\frac{15}{16}$

D. $\frac{5}{4}$　　E. $\frac{25}{16}$　　F. $\frac{29}{16}$

（6）空欄に当てはまる数値を求めなさい。
　　商品の梱包作業をＰが１人で行うと12時間、Ｑが１人で行うと13時間かかる。この梱包作業をＰが５時間行った後、Ｑが４時間行った。残りをＰが１人で行うとすると、〔　　　　〕時間かかる(必要なときは、最後に小数点以下第３位を四捨五入すること)。

（7） あるデータの入力をP、Q、Rの3人で行い、4日間ですべ
ての作業を終えた。Pが1人でやると9日間、Qが1人でや
ると12日間ですべて終えることができる。Rが1人で行うと
何日間で終わらせることができるか。

A. 11日間　　　B. 13日間　　　C. 15日間
D. 16日間　　　E. 18日間　　　F. 20日間

練習問題の正解＆解説

（1）14.9

「全体100％の31％」の48％という場合、

割合は順番に掛けていけば求められる。

$$100 \times \frac{31}{100} \times \frac{48}{100} = 14.88$$

小数点以下第2位　14.88の8を

切り上げて　**14.9％**

イメージ図

（2）160

R小学校出身者の数は56人、割合は35％だから、

全体＝部分÷割合　より、

$$56 \div \frac{35}{100} = 56 \times \frac{100}{35} = 56 \times \frac{\overset{20}{\cancel{100}}}{\underset{5}{\cancel{35}}} = 8 \times 20 = \mathbf{160}$$

> 注意！
> 実数が示されているR小学校以外の出身者の割合も示されているので、
> 数字を取り違えないように気を付けよう

（3）84

全体＝部分27人÷割合45％

学生の人数は、$27 \div \frac{45}{100} = 27 \times \frac{\overset{20}{\cancel{100}}}{\underset{5}{\cancel{45}}} = 60$

社会人の人数を x とおくと、

$60 : x = 5 : 7 \Rightarrow 5x = 60 \times 7 \longleftarrow$ 比の性質 ➡ P.59

$\Rightarrow x = 60 \times 7 \div 5 = 60 \div 5 \times 7 = 12 \times 7 = \mathbf{84}$

(4) 40

男女比が変わる前の男性の人数を x、女性の人数を y とおくと、

  $x : y = 5 : 4 \;\Rightarrow\; 4x = 5y \;\Rightarrow\; 4x - 5y = 0$ …①

退職者が出た後は、 $x : (y-2) = 4 : 3$

  $\Rightarrow\; 3x = 4(y-2)$

  $\Rightarrow\; 3x - 4y = -8$ …②

  ①× 4 − ②× 5

$$16x - 20y = 0$$
$$\underline{-)\;15x - 20y = -40}$$
$$x \qquad\quad = 40$$

別解 一次方程式を立てて解く。

男女比が変わる前、男性の人数を x とおくと、女性の人数は $\dfrac{4}{5}x$

女性が 2 人減った後は、

  $x : \dfrac{4}{5}x - 2 = 4 : 3$

  $\Rightarrow\; 3x = 4\left(\dfrac{4}{5}x - 2\right)$

  $\Rightarrow\; 3x = \dfrac{16}{5}x - 8 \longleftarrow$ 両辺に 5 を掛ける

  $\Rightarrow\; 15x = 16x - 40$

  $\Rightarrow\; -x = -40 \;\Rightarrow\; x = 40$

(5) ❶ B   ❷ F

この問題は 3 回の分割払い。1 回目は❶❷とも $\dfrac{4}{15}$ だが、それ以外の条件が異なるので、混乱しないように。

❶ 2 回目　最初の支払額の半分だから、 $\dfrac{4}{15} \times \dfrac{1}{2} = \dfrac{2}{15}$

  3 回目　1 回目と 2 回目の残りだから、

  $1 - \left(\dfrac{4}{15} + \dfrac{2}{15}\right) = 1 - \dfrac{6}{15} = \dfrac{15}{15} - \dfrac{6}{15} = \dfrac{9}{15} = \dfrac{3}{5}$

問われているのは「総額＝1」に対する割合だから、そのまま $\dfrac{3}{5}$ が正解。

❷ 2回目　総額 $\frac{1}{4}$

　3回目　1回目と2回目の残りだから、

$$1 - \left(\frac{4}{15} + \frac{1}{4}\right) = 1 - \left(\frac{16}{60} + \frac{15}{60}\right) = \frac{60}{60} - \frac{31}{60} = \frac{29}{60}$$

問われているのは「契約時の支払い額 $= \frac{4}{15}$」に対する割合だから

$$\frac{29}{60} \div \frac{4}{15} = \frac{29}{\underset{4}{60}} \times \frac{\overset{}{15}}{4} = \frac{29}{16}$$

> 「AはBのどれだけか」
> 「Bに対するAの割合」　の問いに対しては
> 「AはBの何倍か」　　 $\underline{A \div B}$ で求める。

> このとき、Bは「もとの数（全体）」、Aは「比べられる数（部分）」なので割合＝部分A÷全体B　となる

(6) 3.31

Pが1人で行う時間を x とおく。

$$\frac{1}{12} \times 5 + \frac{1}{13} \times 4 + \frac{1}{12} \times x = 1$$

> 両辺に12と13の公倍数である156を掛ける

$$65 + 48 + 13x = 156$$

$$\Rightarrow 13x = 43 \Rightarrow x = \frac{43}{13} = 3.307\cdots$$

> 電卓を使う場合「43÷13」で計算

小数点以下第3位を四捨五入するので、**3.31**

別解 P、Qの作業が終わった残りの仕事量は、

$$1 - \left(\frac{1}{12} \times 5 + \frac{1}{13} \times 4\right) = \frac{43}{156}$$

これをPが1人で行うのでかかる時間は、

$$\frac{43}{156} \div \frac{1}{12} = \frac{43}{13} = 3.307\cdots$$

THINKING...

(7) E

Pの1日の仕事量は$\frac{1}{9}$、Qの1日の仕事量は$\frac{1}{12}$

Rが1人で行うとかかる日数をxとおくと、Rの1日の仕事量は$\frac{1}{x}$

3人で行うと4日で全て終わるので、各自4日分の仕事量の合計が、

「全体＝1」

$\frac{1}{9} \times 4 + \frac{1}{12} \times 4 + \frac{1}{x} \times 4 = 1$

➡ $\frac{4}{9} + \frac{1}{3} + \frac{4}{x} = 1$ ← 両辺に9と3とxの公倍数である9xを掛ける

➡ $4x + 3x + 36 = 9x$

➡ $4x + 3x - 9x = -36$

➡ $-2x = -36$

➡ $x = 18$日間

CHECK!

05 料金の割引

●「料金の割引」の問題には、割合で値引きする問題と、多数・多量に購入することで割引になる問題があり、いずれの場合も割引になる条件を正しく把握することが大事。

割引料金の求め方

- P円のa%引き… $P \times \left(1 - \dfrac{a}{100}\right)$
- Q円のb割引き… $Q \times \left(1 - \dfrac{b}{10}\right)$

[例題] ある博物館の入館料は1人600円だが、30人を超える団体の場合、30人を超えた分は2割引になる。

ペーパーテスティング&テストセンター

（1）36人の団体が入館すると、入館料の総額はいくらになるか。

A. 18600円　　　B. 19200円　　　C. 19800円
D. 20400円　　　E. 20880円　　　F. 21600円

（2）45人の団体が入館すると、入館料は1人当たり平均いくらになるか（必要なときは 最後に小数点以下第1位を四捨五入すること）。

A. 485円　　　B. 500円　　　C. 525円
D. 560円　　　E. 575円　　　F. 605円

（1）

30人までは正規料金、31人目から割引料金になる。

> 総額＝（正規料金×正規料金人数）＋（割引料金×割引料金人数）

Step 1 正規料金の合計を求める。

正規料金の合計は600円の30人分だから、600×30＝18000

Step 2 割引料金の合計を求める。

割引料金は、600円の2割引だから、$600 \times \left(1 - \dfrac{2}{10}\right)$

割引料金の人数は、36人から正規料金になる30人を引けばよい。

$600 \times \left(1 - \dfrac{2}{10}\right) \times (36 - 30) = 480 \times 6 = 2880$

Step 3 総額を求める。

18000＋2880＝20880円　　よって正解は、E

➡ 表に整理するとつぎのとおり。

	料金(円)	人数(人)	合計(円)
正規料金	600	30	18000
割引料金	$600 \times \left(1 - \dfrac{2}{10}\right) = 480$	$36 - 30 = 6$	$480 \times 6 = 2880$

➡ 慣れてきたら、1つの式にまとめよう。

$600 \times 30 + 600 \times \left(1 - \dfrac{10}{2}\right) \times (36 - 30) = 20880$円

（2）

> 1人分の料金＝総額÷人数

に当てはめて計算する

$$\left\{600 \times 30 + 600 \times \left(1 - \frac{10}{2}\right) \times (45 - 30)\right\} \div 45$$

$= (\underline{18000 + 480 \times 15}) \div 45$

$= (18000 + 7200) \div 45$

$= 25200 \div 45 = 560$円　　よって正解は、D

> 下線部分は（1）と同じなので、（1）で求めた数値を適用するとよい

非言語能力問題

練 習 問 題　【（1）、（2）ペーパーテスティング＆テストセンター／（3）WEBテスティング】

（1） ある遊園地の入場料は大人が2000円、子どもが大人の半額である。団体割引として、大人と子どもを問わず10人以上の場合は、入場料が大人は20％引き、子どもは15％引きになる。大人4人、子ども7人で入場するとき、入場料の合計はいくらか。

A. 11780円　　**B.** 12350円　　**C.** 12850円
D. 13250円　　**E.** 13850円　　**F.** 14150円

（2） ある精肉店では、300gまでは定価で販売するが、300g以上600g未満は定価の1割引、600g以上は定価の2割引で販売する。100g400円の豚肉を1kg購入する場合、100gあたりいくらになるか。

A. 328円　　**B.** 330円　　**C.** 336円
D. 345円　　**E.** 350円　　**F.** 356円

（3） 空欄に当てはまる数値を求めなさい。
　　　Aはある店で定価の3割引で靴を買った。Bは同じ店のセール日に同じ靴を定価の5割引で買ったところ、Aより2400円安かった。この靴の定価は〔　　　　〕円である。

（1）B

大人、子ども合わせて11人で10人以上になり、割引が適用される。

$$2000 \times \left(1 - \frac{20}{100}\right) \times 4 + 2000 \times \frac{1}{2} \times \left(1 - \frac{15}{100}\right) \times 7$$
$$= 1600 \times 4 + 850 \times 7 = 6400 + 5950 = \mathbf{12350}円$$

（2）F

正規価格、割引価格を整理すると、

300ｇ未満	300ｇ以上600ｇ未満	600ｇ以上
400円	$400 \times \left(1 - \frac{1}{10}\right)$	$400 \times \left(1 - \frac{2}{10}\right)$

価格の単位は100ｇなので、ｇ数／100で計算する

$$400 \times \frac{300}{100} + 400 \times \left(1 - \frac{1}{10}\right) \times \frac{300}{100} + 400 \times \left(1 - \frac{2}{10}\right) \times \frac{400}{100}$$
$$= 1200 + 1080 + 1280 = 3560$$

100ｇあたりは、$3560 \div \frac{100}{1000} = \mathbf{356}円$

2割引価格となる600ｇ以上は1000－600＝400ｇ

（3）12000

定価をxとおくと、

Aの買価は、$x \times \left(1 - \frac{3}{10}\right) = \frac{7}{10}x$

Bの買価は、$x \times \left(1 - \frac{5}{10}\right) = \frac{5}{10}x$

このとき、BはAより2400円安く買ったので、
$$\frac{7}{10}x - \frac{5}{10}x = \frac{2}{10}x = 2400 \Rightarrow x = \mathbf{12000}円$$

別解 割合の差が（5－3＝）2割で、それが2400円だから

全体＝部分÷割合 より、$2400 \div \frac{2}{10} = \mathbf{12000}$

06 損益算

- 「仕入れ値」「原価」「定価」「利益」などの関係、求め方をしっかり把握しよう。「仕入れ値」「原価」は同じ意味で使われている。
- 設問には出てこない言葉「売価」の概念もしっかり把握しよう。「売価」とは実際に販売した値段で、「定価の～%引（または～割引）で売った」などと表現される。

[例題1] 仕入れ値に25％の利益を乗せて定価を設定するとき、定価900円の商品の仕入れ値はいくらか。

ペーパーテスティング＆テストセンター

A. 680 円 **B.** 720 円 **C.** 780 円

D. 810 円 **E.** 840 円 **F.** 890 円

仕入れ値と定価の関係

- 定価＝原価（仕入れ値）×（1＋利益の割合 m ）
- 原価（仕入れ値）＝定価÷（1＋利益の割合 m ）

原価（仕入れ値）を x とおくと、定価は、$x \times \left(1 + \dfrac{25}{100} \right) = \dfrac{125}{100} x$

定価900円なので、$\dfrac{125}{100} x = 900$

➡ $125 x = 90000$ ➡ $x = 720$円　　よって正解は、**B**

別解 x を用いないで、

$900 \div \dfrac{125}{100} = 900 \times \dfrac{100}{125} = 720$

[例題2] ある商品に仕入れ値の5割の利益を見込んで定価をつけた。この商品を定価の2割引で売ったところ、利益は商品1個当たり160円になった。この商品の仕入れ値はいくらか。

A. 680円　　**B.** 750円　　**C.** 800円
D. 960円　　**E.** 1220円　　**F.** 1350円

仕入れ値をxとおくと、定価は、$x \times \left(1 + \dfrac{5}{10} \right) = \dfrac{15}{10}x$

定価と売価（割引後の価格）の関係

- 売価（割引価格）＝定価×（1－割引の割合n）
- 定価＝売価（割引価格）÷（1－割引の割合n）

実際の売価は、定価の2割引なので、

$$\dfrac{15}{10}x \times \left(1 - \dfrac{2}{10} \right) = \dfrac{15}{10}x \times \dfrac{8}{10} = \dfrac{12}{10}x$$

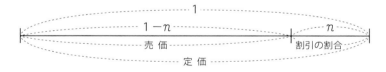

利益の求め方

- 利益 ＝売価（割引価格）－原価（仕入れ値）

利益は、 売価－仕入れ値 だから、
$$\dfrac{12}{10}x - x = 160 \Rightarrow \dfrac{2}{10}x = 160 \Rightarrow x = 800円$$
よって正解は、**C**

練 習 問 題 【(1)ペーパーテスティング&テストセンター/(2)、(3)WEBテスティング】

(1) ある商店では、商品を定価の30%引きで販売しても、仕入れ値の20%の利益が出るように定価を付けている。

❶ 定価が480円のとき、仕入れ値はいくらか。
 A. 160円 B. 180円 C. 210円
 D. 240円 E. 280円 F. 300円

❷ 仕入れ値が1330円のとき、定価はいくらか。
 A. 1780円 B. 1920円 C. 2000円
 D. 2280円 E. 2360円 F. 2430円

(2) 定価720円の商品を80個仕入れ、60個は定価で、20個は定価の3割引で売ったところ、利益は9280円であった。このとき、この商品1個あたりの仕入れ値は〔　　　〕円である。

(3) 定価3200円の商品を20%引きして売ったときに得られる利益は、定価で売ったときの1／2になる。この商品の仕入れ値は〔　　　〕円である。

練習問題の正解&解説

(1) ❶ E ❷ D

❶「仕入れ値」「定価」「売価」「利益」を整理しよう。

原価／仕入れ値	xとおく
定価	480
売価（割引価格）	$480 \times \left(1 - \frac{30}{100}\right) = 480 \times \frac{70}{100} = 336$
利益／損失	$x \times \frac{20}{100} = \frac{20}{100}x$

$\boxed{\text{利益}=\text{売価}-\text{原価}}$　だから、$\dfrac{20}{100}x=336-x$

➡ $2x=3360-10x$

　　$12x=3360$

　　　$x=280$円　　よって、**E**

❷ ❶と同様に整理する。

原価／仕入れ値	1330
定価	xとおく
売価（割引価格）	$x\times\left(1-\dfrac{30}{100}\right)=\dfrac{70}{100}x$
利益／損失	$1330\times\dfrac{20}{100}=266$

$\boxed{\text{売価}-\text{原価}=\text{利益}}$　だから、$\dfrac{70}{100}x-1330=266$

➡ $0.7x=266+1330=1596$

　　$x=2280$円　　よって、**D**

（2）550

売上げは、

$720\times60+720\times\left(1-\dfrac{3}{10}\right)\times20=43200+10080=53280$円

仕入れ値合計は、$\boxed{\text{売上}-\text{利益}}$だから、$53280-9280=44000$円

1個あたりの仕入れ値は、$44000\div80=$**550**円

（3）1920

仕入れ値をxとおく。$\boxed{\text{定価}}$が3200円だから、

20%引きの$\boxed{\text{売価}}$は、$3200\times\left(1-\dfrac{20}{100}\right)=3200\times\dfrac{80}{100}=2560$円

定価で売ったときの$\boxed{\text{利益}}$は、$3200-x$　…①

20%引きで売ったときの$\boxed{\text{利益}}$は、$2560-x$　…②

②は①の$\dfrac{1}{2}$なので、$2560-x=\dfrac{1}{2}(3200-x)$ ← 両辺に
　　　　　　　　　　　　　　　　　　　　　　　　　　　2を掛ける

➡ $5120-2x=3200-x$ ➡ $x=$**1920**円

07 速さ・時間・距離

●公式を使って計算する。

速度算の基本公式

- 距離＝速さ×時間
- 速さ＝距離÷時間
- 時間＝距離÷速さ

公式を図で表すと…

き（距離）

÷（速さ）は × （時間）じ

速さを求める問題

[例題1]　8kmのランニングコースを8時20分にスタートし、9時35分にゴールした。平均時速は何km/時か（必要なときは小数点以下第2位を四捨五入すること）。

ペーパーテスティング＆テストセンター

A．4.8km／時　　B．5.2km／時　　C．5.5km／時

D．6.1km／時　　E．6.4km／時　　F．7.0km／時

Step 1 所要時間を求める。

8時20分スタート、9時35分ゴールなので、かかった時間は1時間15分。単位を「時間」に揃えて、$1\frac{15}{60}=\frac{75}{60}$時間

Step 2 時速を求める。

速さ＝距離÷時間 の公式を使って、

$$8 \div \frac{75}{60} = 8 \times \frac{\overset{4}{\cancel{60}}}{\underset{5}{\cancel{75}}} = \frac{32}{5} = 6\frac{2}{5} = 6.4 \text{km/時}$$
よって正解は、E

時間を求める問題

[例題2] Pの家とQの家は1.62km離れている。Pは時速4.5km、Qは時速3.6kmでそれぞれの家を同時に出発すると、PとQが出会うのは何分後か。

ペーパーテスティング&テストセンター

A. 7分後　　B. 9分後　　C. 12分後
D. 15分後　　E. 18分後　　F. 22分後

Step 1 求める時間を x とおき、縦を「は・じ・き」、横をP、Qとする表をつくる

	P	Q
は（速さ）	4.5km	3.6km
じ（時間）	x 時間	x 時間
き（距離）			1.62km

問われている単位は「分」だが、速さの単位が時速なので、「時間」にしておくほうがよい

距離だけ合計の枠をつくっておく

Step 2 「距離」の欄を記入して、方程式にする。

距離＝速さ×時間　だから、上の2つで掛け算をすればよい。

	P	Q
は（速さ）	4.5km	3.6km
じ（時間）	× x 時間	× x 時間
き（距離）	4.5x	3.6x	1.62km

離れた地点の両端から歩いて出会うということは、2人の歩行距離の合計が両者の離れていた距離と同じになるということなので、

Pの距離＋Qの距離＝PとQの家間の距離　となる。

$4.5x + 3.6x = 1.62$

⇒ $8.1x = 1.62$ ⇒ $x = 0.2$

⇒ x の単位は「時間」なので「分」に変換して、$0.2 \times 60 = 12$分

よって正解は、C

練習問題

(1)、(2)ペーパーテスティング&テストセンター
(3)、(4)WEBテスティング

(1) 右の表は、X町を出発してY町に
停車し、Z町に至るバスの時刻表
である。

```
X町   発   7:10
          ↓
      着   7:50
Y町
      発   7:55
          ↓
Z町   着  〔      〕
```

❶ XY町間の距離は20kmである。XY
町間のバスの平均速度はどれだけか
(必要なときは最後に小数点以下第1
位を四捨五入すること)。

A. 22km／時　　B. 24km／時　　C. 26km／時
D. 28km／時　　E. 30km／時　　F. 32km／時

❷ YZ町間の距離が17.5kmでバスの平均時速が30km/時であると
き、このバスがZ町に到着するのは何時何分か。

A. 8時15分　　B. 8時20分　　C. 8時25分
D. 8時30分　　E. 8時35分　　F. 8時40分

(2) PとQの2人が、1周1.2kmの池の周囲を徒歩で周回する。P
は時速4.8km、Qは時速4.2kmで歩き、2人の速度は一定であ
るものとする。

❶ いま、PとQは同じ地点にいて、反対方向に歩き出す。このと
き2人が再び出会うまでにかかる時間は何分か。

A. 5分　　B. 8分　　C. 10分
D. 12分　　E. 15分　　F. 18分

❷ いま、PとQは同じ地点にいて、Pが出発してから10分後にQがPと同じ方向に歩き出すとすると、Pが最初にQに追いつくのはQが歩き出してから何分後か。

A．20分後　　B．24分後　　C．30分後
D．36分後　　E．38分後　　F．40分後

（3）空欄に当てはまる数値を求めなさい。
　　　合宿所から2.3km離れたグラウンドへ向かう。はじめは平均時速7.5km/時で走り、途中から平均時速4.5km/時で歩いたところ、20分かかった。このとき、歩いた時間は〔　　　〕分である（必要なときは、最後の小数点以下第1位を四捨五入すること）。

（4）空欄に当てはまる数値を求めなさい。
　　　家から1.8km離れた映画館に行くのに、60m/分の速さで歩くと、待ち合わせの時間に6分遅れる。このとき、ちょうど待ち合わせの時間に着く速さは〔　　　〕m/分である。

練習問題の正解&解説

（1）❶ E　❷ D

❶ 時刻表よりＸＹ町間にかかった時間は40分＝$\dfrac{40}{60}$時間

速さ＝距離÷時間 の公式から、

$20 \div \dfrac{40}{60} = 20 \times \dfrac{60}{40} = $ **30**km/時

❷ 時間＝距離÷速さ の公式から、

$17.5 \div 30 = \dfrac{175}{10} \times \dfrac{1}{30} = \dfrac{175}{300} = \dfrac{35}{60}$時間 ➡ 35分

7時55分の35分後だから、**8時30分**

> 求める時間の単位が「分」で、計算結果が分数になるときは、分母を60にすると分子がそのまま「分」になる。そのため、それ以上約分する必要はない

（2）❶ B　❷ F

❶ 2人が再び出会うまでにかかる時間を x 分とおくと、

$\boxed{\text{距離＝速さ×時間}}$ より、x 分間に進む距離は、

Pが4.8km/時× $\dfrac{x}{60}$ 時間、Qが4.2km/時× $\dfrac{x}{60}$ 時間

2人の進んだ距離の合計が1周分になったとき、2人は再び出会うので、つぎの方程式が立てられる。

$4.8 \times \dfrac{x}{60} + 4.2 \times \dfrac{x}{60} = 1.2$ ➡ $4.8x + 4.2x = 72$

➡ $9x = 72$ ➡ $x = 8$ 分

表に整理すると、

	P	＋	Q	1周
速さ	4.8		4.2	
時間	$\dfrac{x}{60}$		$\dfrac{x}{60}$	
距離	$4.8 \times \dfrac{x}{60}$		$4.2 \times \dfrac{x}{60}$	1.2

❷ Qが歩き出してからPに追いつかれるまでの時間を x 分とおくと、Pの歩く時間はQより10分前に歩き始めたからQより10分多くなるので $(x+10)$ 分。

2人の歩いた距離は、P…$4.8 \times \dfrac{(x+10)}{60}$、Q…$4.2 \times \dfrac{x}{60}$

Pの方が1周分多く歩いたときに初めてPがQに追いつくので、2人の歩いた距離の差が1周分になる方程式が立てられる。

$4.8 \times \dfrac{(x+10)}{60} - 4.2 \times \dfrac{x}{60} = 1.2$ ◀── 両辺に60を掛ける

➡ $4.8(x+10) - 4.2x = 72$

➡ $4.8x + 48 - 4.2x = 72$ ➡ $0.6x = 24$ ➡ $x = 40$ 分後

表に整理すると、

	P	Q	1周
速さ	4.8	4.2	
時間	$\dfrac{x+10}{60}$	$\dfrac{x}{60}$	
距離	$4.8 \times \dfrac{x+10}{60}$ +	$4.2 \times \dfrac{x}{60}$	1.2

(3) 4

歩いた時間を x 時間とおくと、走った時間は $\dfrac{20}{60} - x$ 時間

距離＝速さ×時間 で方程式を立てて解くと、

$$7.5\left(\dfrac{20}{60} - x\right) + 4.5x = 2.3$$

$$\Rightarrow 75\left(\dfrac{1}{3} - x\right) + 45x = 23$$

$$\Rightarrow -75x + 45x = 23 - 25$$

$$\Rightarrow -30x = 23 - 25 = -2$$

$$\Rightarrow x = \dfrac{2}{30}時間 = \dfrac{2}{30} \times 60 = \mathbf{4}分$$

(4) 75

家から60m/分の速さで歩いて映画館まで行くのにかかる時間は、

時間＝距離÷速さ より、 <u>1800m÷60m/分＝30分</u>

> 速さの単位が「m/分」だから、
> 距離1.8kmはmの単位に直す

30分より６分を短縮させて、30－6＝24分で行けばよいので、

速さ＝距離÷時間 より、 1800m÷24分＝**75**m/分

08 場合の数

- 樹形図を描いて考える。
- 「順列」「組み合わせ」の公式を用いる。

[例題1]　2、4、6、8の4つの数字を組み合わせて3桁の整数
　　　　をつくる。　　　　　　　　ペーパーテスティング&テストセンター

（1）同じ数字を何度用いてもよい場合、整数は何通りつくれるか。

　A. 24通り　　**B.** 36通り　　**C.** 48通り
　D. 54通り　　**E.** 64通り　　**F.** 72通り

（2）同じ数字は一度しか使えない場合、整数は何通りつくれるか。

　A. 24通り　　**B.** 36通り　　**C.** 48通り
　D. 54通り　　**E.** 64通り　　**F.** 72通り

....

（1）

　同じ数字を何度用いてもよい場合。

Step1 3桁の整数の百の位、十の位、一の位にどの数字が入るかを
　　　　考える。

　たとえば「246」という3桁の数であれば、百の位に2、十の位
に4、一の位に6が入る。

　あらゆる「場合」を考えると、

- 百の位に2、4、6、8の4通り
- 十の位に2、4、6、8の4通り
- 一の位に2、4、6、8の4通り

　すべての位に4通りずつ入ることになる。

百の位に2がくる場合の樹形図を描いてみる。

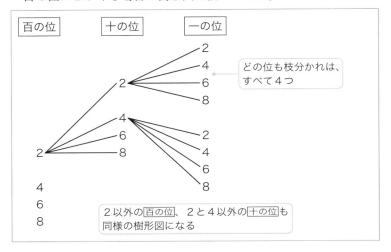

Step2 あらゆる「場合の数」を計算して求める。

百の位が4通りあり、それぞれに十の位が4通りあり、またそれ ぞれに一の位が4通りあるので、つぎのように求めることができる。

百の位	十の位	一の位
4 ×	4 ×	4 = 64通り

よって正解は、E

（2）

同じ数字は一度しか使えない場合。

Step1 3桁の整数の百の位、十の位、一の位にどの数字が入るかを 考える。

（1）と異なり、一度使った数字は使えないので、たとえば、百の 位を2とすると、十の位に入るのは4、6、8の3つのうちのどれ か。さらに、百の位を2、十の位を4とすると、一の位に入るのは 6、8の2つのうちのどれか。

　つまり、百の位では２、４、６、８の４通りから選ぶことができるが、十の位では百の位で選んだ数字を除いた３通りの中から選び、さらに一の位では百の位と十の位で選んだ２つの数字を除いた２通りの中から選ぶことになる。

Step 2 あらゆる「場合の数」を計算して求める。

　百の位が４通りあり、十の位が３通りあり、一の位が２通りあるので、つぎのように求めることができる。

百の位		十の位		一の位		
4	×	3	×	2	=	24通り

　よって正解は、**A**

[樹形図にしてみる]

　百の位に２がくる場合の樹形図を描いてみる。

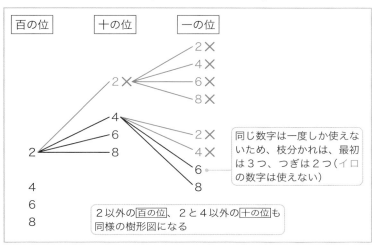

（２）のように、一度使ったものを繰り返し使わず、**限られた数からいくつか選んで並べる場合の数のことを「順列」といい**、つぎの公式で求めることができる。

- 順列＝n個あるものの中からr個選んで並べる場合の数

$$\underset{総数}{n} P \underset{並べる数}{r} = {}_n P_r = n(n-1)(n-2)\cdots(n-r+1)$$

［例］　4つの中から3つを選び、順番をつけて並べた順列は、

$${}_4 P_3 = 4 \times 3 \times 2 = 24通り$$

$n-r+1=4-3+1=2$

掛ける数字は3つ

4から1ずつ小さい数を3つ掛ける

［例題2］　ある選考に残った4人の中から2人を選ぶことになった。選び方は何通りか。　　ペーパーテスティング&テストセンター

A. 3通り　　**B.** 6通り　　**C.** 10通り
D. 12通り　　**E.** 24通り　　**F.** 28通り

Step1 4人の中から、1人目と2人目として2人選ぶ選び方を考える。

4人をP、Q、R、Sとする。

1人目にPを選んだ場合、2人目はQ、R、Sのうちの1人だから、つぎの3通り。

（P、Q）…①　（P、R）…②　（P、S）…③

同様に、1人目にQ、R、Sを選んだ場合も、それぞれ3通りずつ。

（Q、P）…④　（Q、R）…⑤　（Q、S）…⑥
（R、P）…⑦　（R、Q）…⑧　（R、S）…⑨
（S、P）…⑩　（S、Q）…⑪　（S、R）…⑫

したがって、$4 \times 3 = 12$通り

1人目、2人目と順番をつけているので、「順列」の公式で解くと $_4P_2 = 4 \times 3 = 12$

Step 2 重複分を考える。

　設問は、単に「2人選ぶ」というだけで、「1人目、2人目」という順番はない。

　その場合、たとえば、①の（P、Q）と④の（Q、P）は同じ組み合わせになる。

　同様に、②と⑦、③と⑩、⑤と⑧、⑥と⑪、⑨と⑫も同じ。

　したがって、順番をつけて選んだ場合は同じ組み合わせが2つあることになる。よって、2で割れば求められる。

　12÷2＝6通り　　正解は、**B**

[樹形図にして、重複分を除く]

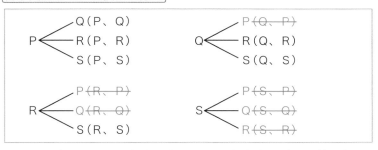

　このように、限られたものからいくつかを選ぶだけで並べない、つまり順番を付けない場合の数を「組み合わせ」といい、つぎの公式で求めることができる。

「組み合わせ」の公式

● n 個あるものの中から r 個選ぶ場合の数

$$\underset{\text{総数} \to n}{} C \underset{\to \text{選ぶ数}}{r} = \frac{n(n-1)(n-2)\cdots(n-r+1)}{r(r-1)(r-2)\cdots\times 1}$$

［例］　4つの中から2つ選ぶ組み合わせは、

　　　分子は順列 $_4P_2$ のときと同じ

$$_4C_2 = \frac{4\times 3}{2\times 1} = 6 \text{通り}$$

　　　分母はCの右側の数「2」から1ずつ小さい数を1まで掛ける

---

(1) 2つのサイコロを同時に投げるとき、目の数の積が奇数になるのは何通りあるか。

A. 6通り　　　　B. 9通り　　　　C. 10通り

D. 12通り　　　E. 27通り　　　F. 30通り

(2) P、Q、R、S、T、Uの6枚のポスターを一列に並べるとき、PとQが必ず両端になるように並べる並べ方は何通りあるか。

A. 36通り　　　B. 42通り　　　C. 45通り

D. 48通り　　　E. 64通り　　　F. 72通り

(3) あるクイズサークルには部員が、男子6人、女子4人いる。この中から大会の出場者を選ぶことになった。

❶ 男子2人、女子1人を選ぶとすると、その選び方は何通りあるか。

A. 15通り　　　B. 18通り　　　C. 36通り

D. 45通り　　　E. 60通り　　　F. 64通り

❷ 男子と女子をそれぞれ少なくとも1人は選び、全部で3人選ぶとすると、その選び方は何通りあるか。

A. 24通り　　　B. 36通り　　　C. 45通り

D. 60通り　　　E. 96通り　　　F. 100通り

(4) 空欄に当てはまる数値を求めなさい。

さまざまな花の植木鉢9つをXが4つ、Yが3つ、Zが2つで分け合うことにした。3人が受け取る植木鉢の組み合わせは〔　　　〕通りである。

(5) 空欄に当てはまる数値を求めなさい。

卓球部に所属する7人の選手の中からペアを2組つくり、ダブルスの試合をする。このとき、対戦の組み合わせは〔　　　〕通りである。

第2章

非言語能力問題

練習問題の正解&解説

(1) B

2つのサイコロの目をP、Qとする。

積が奇数になるのは、〈奇数×奇数〉の場合で、サイコロの目のうち奇数になるのは1、3、5の3通り。

P(1、3、5)とQ(1、3、5)が組み合わさるので、

　$3 \times 3 = 9$通り

(2) D

PとQの並べ方は、「右端P、左端Q」または「右端Q、左端P」の2通り。それ以外の4枚は、

　${}_4P_4 = 4 \times 3 \times 2 \times 1 = 24$通り

よって、$2 \times 24 = 48$通り

(3) ❶ E　**❷** E

❶ 男子6人の中から2人、女子4人の中から1人を選ぶので、

　${}_6C_2 \times {}_4C_1 = \dfrac{\overset{3}{\cancel{6}} \times 5}{2 \times 1} \times 4 = 15 \times 4 = 60$通り

❷ 男子2人、女子1人の場合=①の場合なので、60通り

　男子1人、女子2人の場合は、

$${}_6C_1 \times {}_4C_2 = 6 \times \frac{\overset{2}{\cancel{4 \times 3}}}{\cancel{2 \times 1}} = 6 \times 6 = 36\text{通り}$$

よって、60＋36＝**96**通り

別解 逆の「3人とも男子」、または「3人とも女子」の場合の数を「全体」の場合の数から引く。

3人とも男子は、${}_6C_3 = \dfrac{\cancel{6} \times 5 \times 4}{\cancel{3} \times \cancel{2} \times 1} = 20$通り

3人とも女子は、${}_4C_3 = \dfrac{4 \times \cancel{3} \times \cancel{2}}{\cancel{3} \times \cancel{2} \times 1} = 4$通り

男女の区別なく選ぶ場合は、${}_{10}C_3 = \dfrac{10 \times \overset{3}{\cancel{9}} \times \overset{4}{\cancel{8}}}{\cancel{3} \times \cancel{2} \times 1} = 120$

よって、120－(20＋4)＝**96**通り

(4) 1260

Zが受け取った2つは「9つの中から2つ」だから、

$${}_9C_2 = \frac{9 \times \overset{4}{\cancel{8}}}{\cancel{2} \times 1} = 36$$

つぎに、Yが受け取った2つは「残りの7つの中から3つ」だから、

$${}_7C_3 = \frac{7 \times \cancel{6} \times 5}{\cancel{3} \times \cancel{2} \times 1} = 35$$

Xが受け取ったのは「残りの4つ」になるので計算不要。

よって、36×35＝**1260**

別解 X、Yの順に選ぶ。

$${}_9C_4 \times {}_5C_3 = \frac{9 \times \overset{2}{\cancel{8}} \times 7 \times \overset{2}{\cancel{6}}}{\cancel{4} \times \cancel{3} \times \cancel{2} \times 1} \times \frac{5 \times \overset{2}{\cancel{4}} \times \cancel{3}}{\cancel{3} \times \cancel{2} \times 1} = 126 \times 10 = \mathbf{1260}\text{通り}$$

(5) 105

1組目は7人から2人選び、2組目は残りの5人から2人選ぶ。

1組目に選んだ2人と2組目に選んだ2人の組み合わせには重複があるので2で割る

$${}_7C_2 \times {}_5C_2 = \frac{7 \times \overset{3}{\cancel{6}}}{\cancel{2} \times 1} \times \frac{5 \times \overset{2}{\cancel{4}}}{\cancel{2} \times 1} = 21 \times 10 = 210$$

210÷2＝**105**通り

09 確率

> ●起こる場合の数が全部で n 通りあり、
> 事柄Aの起こる場合の数が a 通りであるとき、
> 事柄Aの起こる確率をPとすると、$P = \dfrac{a}{n}$

[例題1] 黒い石3個と白い石7個の入った箱がある。この中から2個の玉を同時に取り出す。

ペーパーテスティング&テストセンター

（1）2個とも黒い石が出る確率は、いくらか。

A. $\dfrac{1}{3}$　　B. $\dfrac{1}{5}$　　C. $\dfrac{2}{5}$　　D. $\dfrac{1}{9}$　　E. $\dfrac{3}{10}$　　F. $\dfrac{1}{15}$

（2）1個は黒い石で、もう1個は白い石が出る確率は、いくらか。

A. $\dfrac{1}{5}$　　B. $\dfrac{2}{5}$　　C. $\dfrac{2}{15}$　　D. $\dfrac{7}{15}$　　E. $\dfrac{8}{15}$　　F. $\dfrac{7}{30}$

....

（1）

2個を「同時」に取り出すとは、1個ずつ2回取り出すのと同じことなので、1個目と2個目に分けて考える。

Step 1 1個目が黒になる確率を求める。

箱の中には10個の石が入っているので、その中から1個を取り出すとき、起こる場合の数（$= n$）は、10通り

その中で黒は3個だから、黒が出る場合の数（$= a$）は、3通り。よって、確率 $P = \dfrac{a}{n} = \dfrac{3}{10}$

Step 2 2個目が黒になる確率を求める。

2個目を取り出すとき、箱の中に残っているのは、全部で9個。

そのうち黒は2個だから、2回目に黒が出る確率は、$\dfrac{2}{9}$

Step 3 2個とも黒になる確率を求める。

1個目に黒、2個目に黒が出るのは、**同時に起こること**なので、

$$\dfrac{3}{10} \times \dfrac{2}{9} = \dfrac{\cancel{3}}{10} \times \dfrac{2}{\cancel{9}} = \dfrac{1}{15}$$

よって正解は、F

> 同時に起こることの計算
> 1個ずつに分けて考えるとき、「2個とも黒石が出る」ためには「1個目黒石」と「2個目黒石」が同時に起こらなければ成り立たない。よって、別々に求めた確率は掛け合わせる

(2)

(1)と同様に、1個目と2個目に分けて考える。

Step 1 1個目が黒、2個目が白になる確率を求める。

1個目が黒になる確率は、**(1)**より、$\dfrac{3}{10}$ …①

2個目が白になる確率は、

残りの石9個の中に白は7個だから、$\dfrac{7}{9}$ …②

①と②は同時に起こることなので、$\dfrac{3}{10} \times \dfrac{7}{9} = \dfrac{\cancel{3}}{10} \times \dfrac{7}{\cancel{9}} = \dfrac{7}{30}$ …③

Step 2 1個目が白、2個目が黒になる確率を求める。

1個目が白になる確率は、10個の中に白は7個だから、$\dfrac{7}{10}$ …④

2個目が黒になる確率は、

残りの石9個の中に黒は3個だから、$\dfrac{3}{9}$ …⑤

①と②は同時に起こることなので、$\dfrac{7}{10} \times \dfrac{3}{9} = \dfrac{7}{10} \times \dfrac{\cancel{3}}{\cancel{9}} = \dfrac{7}{30}$ …⑥

Step 3 順番関係なく、1個は黒で、もう1個は白が出る確率を求める。

「1個は黒、もう1個は白」になるのは、**Step 1** の場合③と **Step 2**

の場合⑥がある。③と⑥は**別々に起こること**なので、掛け算ではな
く足し算をする。

$$\frac{7}{30}+\frac{7}{30}=\frac{14}{30}=\frac{7}{15}$$

よって正解は、D

> **別々に起こることの計算**
> 1個目が黒、2個目が白〈●○〉の場合、1個目
> が白、2個目が黒〈○●〉の場合の2通りの場合
> があるとき、これは別々の場合で起こること。
> よって、場合ごとに求めた確率を合計する

第2章 非言語能力問題

【樹形図でイメージをつかもう】

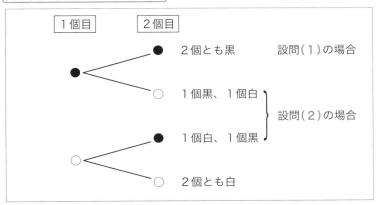

「1個黒、もう1個白」という場合、上のように、〈●○〉と〈○●〉
の2通りの場合があることを忘れずに。

[例題2]　2本の当たりくじを含む6本のくじがある。2本のくじ
　　　　　を引くとき、少なくとも1本が当たる確率を求めよ。

　　　　ペーパーテスティング&テストセンター

A. $\frac{1}{3}$　　B. $\frac{1}{5}$　　C. $\frac{2}{5}$　　D. $\frac{3}{5}$　　E. $\frac{4}{15}$　　F. $\frac{8}{15}$

Step1 「1本も当たらない」確率を求める。

　「少なくとも1本が当たる」場合には、つぎの2通りがある。

123

❶ 2本とも当たる場合

❷ 1本当たる場合

別々に求めるのは手間がかかるので、逆を考えるとよい。すなわち、「少なくとも1本が当たる」の逆とは「1本も当たらない(=2本とも外れる)」場合である。その確率は、

● 1本目が外れる

　…6本中4本ある外れくじのどれかを引く。⇒ $\dfrac{4}{6}$

● 2本目が外れる

　…残り5本中3本ある外れくじのどれかを引く。⇒ $\dfrac{3}{5}$

よって1本も当たらない確率は、$\dfrac{\overset{2}{4}}{\underset{3}{6}}\times\dfrac{3}{5}=\dfrac{2}{5}$

Step2 「少なくとも1本が当たる」確率を求める。

ある事柄が起こる確率をpとすると、

その事柄が起こらない確率は1−pなので、

「少なくとも1本が当たる」確率=1−「1本も当たらない」確率

よって少なくとも1本が当たる確率は、 $1-\dfrac{2}{5}=\dfrac{3}{5}$

よって正解は、D

事柄Aの起こる確率をpとすると、

事柄Aが起こらない確率=1−p

練 習 問 題 **(1)ペーパーテスティング&テストセンター／(2)、(3)WEBテスティング**

(1) ハート、ダイヤ、スペード、クラブの4種類のカードが4枚ずつある。ここから、PとQの2人が同時に1枚ずつカードを引く。

❶ 2人ともスペードを引く確率はどれだけか。

A. $\frac{1}{4}$　B. $\frac{1}{9}$　C. $\frac{1}{12}$　D. $\frac{1}{20}$　E. $\frac{9}{20}$　F. $\frac{11}{20}$

❷ 少なくとも1人がハートを引く確率はどれだけか。

A. $\frac{1}{4}$　B. $\frac{1}{9}$　C. $\frac{1}{12}$　D. $\frac{1}{20}$　E. $\frac{9}{20}$　F. $\frac{11}{20}$

(2) 空欄に当てはまる数値を求めなさい。
　　男性6人、女性4人の班の中で、班長と副班長を1名ずつく
　　じ引きで決めるとき、班長も副班長も女性になる確率は〔　　〕
　　／〔　　〕である。約分した分数で答えなさい。

(3) 空欄に当てはまる数値を求めなさい。
　　2個のサイコロを同時に振る。このとき、出た目の数の積が
　　3以上になる確率は〔　　　〕／〔　　　〕である。約分した分
　　数で答えなさい。

練習問題の正解&解説

(1) ❶ D ❷ E

❶ P（Q）がスペードを引く確率は$\frac{4}{16}$

　　Q（P）がスペードを引く確率は$\frac{3}{15}$

2人ともスペードを引く確率は$\frac{4}{16} \times \frac{3}{15} = \frac{1}{4} \times \frac{1}{5} = \frac{1}{20}$

よって正解は、**D**

❷「少なくとも1人がハートを引く」の逆は「1人もハートを引かな
　　い」、つまり、2人ともハート以外の12（＝3×4）から引く。
　　2人ともハート4枚以外の12枚の中から1枚引く確率を求める。

Pがハート以外を引く確率は$\frac{12}{16}$　Qもハート以外を引く確率は$\frac{11}{15}$

2人ともハート以外を引く確率は$\frac{\overset{3}{\cancel{12}}}{\underset{4}{\cancel{16}}} \times \frac{11}{\underset{5}{\cancel{15}}} = \frac{11}{20}$

求めるのはこの逆だから、少なくとも1人がハートを引く確率は、

$1 - \frac{11}{20} = \frac{9}{20}$　　　よって正解は、E

(2)〔　2　〕／〔　15　〕

班長が女性になる確率は、10人中4人なので、$\frac{4}{10}$

副班長が女性になる確率は、残りの9人中3人なので、$\frac{3}{9}$

班長も副班長も女性になる確率は、$\frac{\overset{2}{\cancel{4}}}{\underset{5}{\cancel{10}}} \times \frac{3}{\underset{3}{\cancel{9}}} = \frac{2}{15}$

(3)〔　11　〕／〔　12　〕

2つの数字の積が3以上になる場合はかなり多いので、逆を考える。「3
以上」の逆は「3未満」で、積が3未満なのは1か2の場合。

2個のサイコロの目の積が1か2になる組み合わせは、

(1，1)(1，2)(2，1)の3通り。

2個のサイコロの目が出るすべての場合の数は、6×6＝36通り。

積が「3未満」になる確率は　$\frac{3}{36} = \frac{1}{12}$

求める確率は逆の「3以上」なので、$1 - \frac{1}{12} = \frac{11}{12}$

CHECK!

126

10 集合

● 集合は、表の形式で出題される場合と、文章題の場合がある。
ペーパーテスティングやテストセンターでは前者が多く、WEB
テスティングでは後者の出題形式のみになる。

[例題1] ある観光地を訪れた外国人100人を対象に、訪問した場
所について調査を行った。つぎの表は、その調査結果の
一部である。 **ペーパーテスティング＆テストセンター**

	行った	行っていない
P神社	81人	19人
Q美術館	68人	32人
R展望台	75人	25人

（1） P神社にもQ美術館にも行った人が56人いた。このとき、P神
社にもQ美術館にも行かなかった人は何人いたか。

A． 5人　　　 B． 7人　　　 C． 10人

D． 12人　　 E． 15人　　 F． 17人

（2） Q美術館には行ったがR展望台には行かなかった人が21人い
た。このとき、R展望台には行ったがQ美術館には行かなかっ
た人は何人いたか。

A． 12人　　 B． 15人　　 C． 22人

D． 28人　　 E． 32人　　 F． 35人

・・

（1）

つぎのように、順を追って解いていく。

Step 1 カルノー表をつくる。

> カルノー表は、アメリカの数学者・物理学者モーリス・カルノー
> が考案し、カルノー図とも呼ばれる。縦横に条件を書き、わかっ
> ている情報から表内を埋めていく。計算式を導きやすいのが特徴

全体Zの中にXとYの2つの
集合がある場合、縦をX、横
をYとして、○と×に分ける。

X ＼ Y	○	×	合計
○	a	b	$a+b$
×	c	d	$c+d$
合計	$a+c$	$b+d$	Z

- ○は「はい」「ある」など
  肯定的なもの。
- ×は「いいえ」「ない」な
  ど否定的なもの。

外側に○と×の合計を入れ、内側の4マスは

a＝X○Y○＝X・Yともに○

b＝X○Y×＝Xのみ○

c＝X×Y○＝Yのみ○

d＝X×Y×＝X・Yともに×　を表す。

$a+b+c+d$＝Zなので、縦の合計も横の合計もZとなる。

> むだな時間をかけ
> ないため、作表は
> なるべく簡潔に

　与えられた表から、設問に必要な情報だけ取り出してカルノー表
をつくる。縦線3本、横線3本でマス目をつくり、縦をP神社、横
をQ美術館とする。

	行った	行っていない
P神社	81人	19人
Q美術館	68人	32人
R展望台	75人	25人

P ＼ Q	○(行った)	×(行ってない)	
○(行った)			81
×(行ってない)			19
	68	32	

Step 2 設問の数値を記入し、求めるところを明確にする。

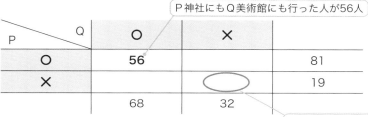

P神社にもQ美術館にも行った人が56人

P＼Q	○	×	
○	56		81
×		◯	19
	68	32	

求めるのはココ！
P神社にもQ美術館
にも行かなかった人

Step 3 表の空欄を埋めていく。

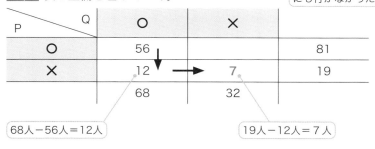

P＼Q	○	×	
○	56		81
×	12 →	7	19
	68	32	

68人－56人＝12人

19人－12人＝7人

よって正解は、**B**

（2）

Q美術館とR展望台のカルノー表をつくり、（1）と同じように解
いていく。

求めるのはココ！
32－4＝28

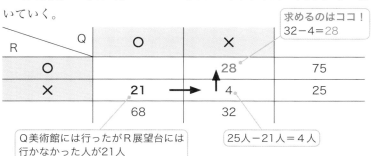

R＼Q	○	×	
○		28	75
×	21 →	4	25
	68	32	

Q美術館には行ったがR展望台には
行かなかった人が21人

25人－21人＝4人

よって正解は、**D**

[例題2]　空欄に当てはまる数値を求めなさい。

旅行者を対象に持ち物について尋ねたところ、ガイドブックを持っている人が52人、カメラを持っている人は28人であり、ガイドブックを持っている人のうち1／4がカメラも持っていた。カメラを持っているがガイドブックを持っていない人は〔　　　〕人である。

文章による問題。WEBテスティングでは文章題になる。表による出題同様に、カルノー表で解く。

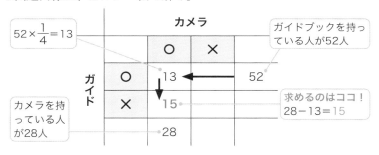

よって正解は、15

練習問題

(1)、(2)ペーパーテスティング＆テストセンター
(3)、(4)WEBテスティング

(1) ある地域の住民400人を対象に、普段利用する商店について調査を行った。下の表は、調査項目と集計結果の一部である。

	利用する	利用しない
P店	270人	130人
Q店	210人	190人
R店	150人	250人

❶ P店もQ店もどちらも利用しない人が55人いた。P店とQ店の両方とも利用する人は何人か。

A. 75人　　　**B.** 85人　　　**C.** 95人

D. 105人　　**E.** 125人　　**F.** 135人

❷ Q店を利用する人のうち、$\frac{1}{3}$がR店も利用していた。R店もQ店もどちらも利用しない人は何人か。

A. 60人　　　**B.** 70人　　　**C.** 80人

D. 90人　　　**E.** 100人　　**F.** 110人

❸ P店は利用するがR店は利用しない人は、R店は利用するがP店は利用しない人のちょうど3倍いた。R店は利用するがP店は利用しない人は何人か。

A. 25人　　　**B.** 30人　　　**C.** 45人

D. 60人　　　**E.** 65人　　　**F.** 75人

（2）大学生80人に通学手段について調査したところ、バスを利用する人は32人、電車を利用する人は57人、電車だけ利用する人は28人という結果が出た。

❶ バスと電車のうち、どちらか一方だけ利用する人は何人か。

A. 31人　　　**B.** 36人　　　**C.** 42人

D. 45人　　　**E.** 50人　　　**F.** 53人

❷ バスも電車も利用しない人は何人か。

A. 17人　　　**B.** 20人　　　**C.** 23人

D. 26人　　　**E.** 29人　　　**F.** 31人

（3）空欄に当てはまる数値を求めなさい。

あるカフェでは、50人の客のうちコーヒーを注文した客は31人、ケーキを注文した客は17人、どちらも注文しなかった客は14人いた。このとき、コーヒーとケーキの両方を注文した客は〔　　　〕人である。

（4）空欄に当てはまる数値を求めなさい。

あるカルチャーセンターの生徒数は60人で、男女比は1：2であり、俳句講座もしくは絵画講座のいずれかを受講している。その生徒たちのうち、35人が俳句講座を、25人が絵画講座を受講した場合、女性で絵画講座を受講したのは最も少なくて〔　　　〕人である。

練習問題の正解＆解説

(1) ❶ F　❷ F　❸ D

❶ P店もQ店もどちらも利用しない人〈P✕Q✕〉が55人いた。

P＼Q	○	✕	
○	**135**←—135	270	190−55=135
✕		55	130
	210	190	

求めるのはココ！
270−135=135

よって正解は、**F**

❷ Q店もR店も利用する人〈Q○R○〉はQ店利用者（210人）の3分の1だから、$210 \times \frac{1}{3} = 70$

R＼Q	○	✕	
○	70 ━━▶ 80	150	150−70=80
✕		**110**	250
	210	190	

求めるのはココ！
190−80=110

よって正解は、**F**

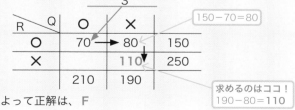

❸ R店は利用するがP店は利用しない人〈P✕R◯〉を x 人とおくと、
　P店は利用するがR店は利用しない人〈P◯R✕〉は $3x$ 人となる。
　これをカルノー表にして、方程式をつくって解く。

P＼R	◯	✕	
◯	$150-x$	$3x$	270
✕	x		130
	150	250	

$150-x+3x=270$　　$x=60$

よって正解は、**D**

（2）❶ A　❷ B

問題文からカルノー表をつくる。

電車だけ〈バ×電◯〉が28人

バス利用が32人

バス＼電車	◯	✕	
◯			32
✕	28		
	57		80

電車利用が57人

全部で80人

❶ カルノー表を完成させる。

$32-29=3$

$57-28=29$

バス＼電車	◯	✕	
◯	29	3	32
✕	28	20	48
	57		80

$80-32=48$

$48-28=20$

「どちらか一方だけ」とは、バスだけ＋電車だけなので、

〈バ◯電✕〉＋〈バ✕電◯〉＝ 3 ＋28＝**31**　　よって正解は、**A**

❷「バスも電車も利用しない人」は、カルノー表から

〈バ✕電✕〉＝**20**　　よって正解は、**B**

（3）12

カルノー表をつくって解く。

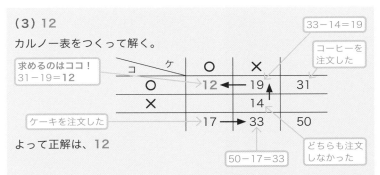

| 求めるのはココ！ 31−19=**12** | 33−14=19 |

| 33−14=19 |
| コーヒーを注文した |

コ	ケ	○	×	
	○	12	19	31
	×		14	
		17	33	50

ケーキを注文した

50−17=33

どちらも注文しなかった

よって正解は、**12**

（4）5

Step 1 カルノー表をつくる。

項目は、縦に〈男・女〉、横に〈俳句・絵画〉とする。

男女比は 1：2 だから、男 $60 \times \dfrac{1}{3} = 20$、女 $60 \times \dfrac{2}{3} = 40$

	俳句	絵画	
男			20
女			40
	35	25	60

男女比 1：2 だから
男 $60 \times \dfrac{1}{3} = 20$
女 $60 \times \dfrac{2}{3} = 40$

Step 2 カルノー表を埋める。

女性で絵画講座を受講した人が最も少なくなるのは、男性全員が絵画講座を受講した場合。

	俳句	絵画	
男		20	20
女		5	40
	35	25	60

求めるのはココ！
25−20=**5**

11 図表の読み取り

●図表内には空欄があり、その数値を求める。

●割合の問題が多いので「割合の公式」をおさらいしておく。

割合＝部分(比べる数)÷全体(もとの数)

部分(比べる数)＝全体(もとの数)×割合

全体(もとの数)＝部分(比べる数)÷割合

割合は$a\%\left(=\dfrac{a}{100}\right)$や$b$割$\left(=\dfrac{b}{10}\right)$で表す。

[例題1] ある週末に、博物館に入場した人数を、小・中学生、高校・大学生、大人の別に調査したところ、下表のようになった。

ペーパーテスティング&テストセンター

	金曜日	土曜日	日曜日
入場者数	190人		570人
小・中学生	20%	25%	40%
高校・大学生	30%	35%	
大人	50%	40%	

(1) 金曜日の「小・中学生」の入場者数は何人か。

A. 28人　　　B. 38人　　　C. 42人

D. 48人　　　E. 52人　　　F. 57人

(2) 土曜日の「高校・大学生」の入場者数は224人だった。土曜日の入場者数は何人か。

A. 400人　　　B. 500人　　　C. 580人

D. 600人　　　E. 640人　　　F. 660人

（3）日曜日の「大人」の入場者数は、金曜日の「高校・大学生」の
入場者数の2倍であった。日曜日の「大人」の入場者の割合
は何%か。

A. 15%　　　　B. 20%　　　　C. 25%

D. 30%　　　　E. 35%　　　　F. 40%

- -

（1）

表の金曜日の「小・中学生」の欄に注目する　求めるのはこの人数

	金曜日	土曜日	日曜日
入場者数	190人		570人
小・中学生	20%	25%	40%
高校・大学生	30%	35%	
大人	50%	40%	

求めるのは、金曜日の「小・中学生」の人数だから、

部分＝全体×割合　より、$190 \times \dfrac{20}{100} = 38$人　よって正解は、B

（2）

土曜日の「高校・大学生」の欄に注目する。　求めるのはココ！

	金曜日	土曜日	日曜日
入場者数	190人		570人
小・中学生	20%	25%	40%
高校・大学生	30%	35%	
大人	50%	40%	

ここが224人

全体＝部分÷割合　より、$224 \div \dfrac{35}{100} = 224 \times \dfrac{100}{35} = 640$人

よって正解は、E

（3）

つぎのように、順を追って解いていく。

Step1 金曜日の「高校・大学生」の入場者数を求める。

$$\boxed{部分＝全体×割合} \quad より、190×\frac{30}{100}＝57人$$

	金曜日	土曜日	日曜日
入場者数	190人		570人
小・中学生	20%	25%	40%
高校・大学生	30%	35%	
大人	50%	40%	⬭

ここが
114人

Step 2 日曜日の「大人」の入場者の割合を求める。

日曜日の大人は、金曜日の「高校・大学生」の2倍だから、

57×2＝114人。日曜日の全体の入場者数は570人。

$$\boxed{割合(\%)＝部分÷全体×100} \quad より、114÷570×100＝20\%$$

よって正解は、**B**

練 習 問 題 (1)ペーパーテスティング＆テストセンター／(2)WEBテスティング

(1) あるショッピングモールで買い物をした店舗について調査を
行った。表1は最もよく買物をする店舗の回答割合を示した
ものである。また、表2は回答者数全体に占める男女の割合
を示している。

〈表1〉

	男性	女性	合計
食料品店	35.0%	45.0%	41.0%
衣料品店	8.5%	25.0%	
雑貨店		10.0%	
書店	22.5%		16.5%
その他・買物せず			
計	100.0%	100.0%	100.0%

〈表2〉

	男性	女性	合計
回答者の割合	40.0%	60.0%	100%

❶ 男性で「食料品店」と答えた人は、回答者全体の何%か(必要な
　ときは、最後に小数点以下第2位を四捨五入すること)。
　　A．12.5%　　　　B．14.0%　　　　C．15.5%
　　D．16.0%　　　　E．18.5%　　　　F．20.0%

❷「衣料品店」と答えた人は、男女合わせて回答者全体の何%か(必
　要なときは、最後に小数点以下第2位を四捨五入すること)。
　　A．9.6%　　　　 B．12.5%　　　　C．18.4%
　　D．20.0%　　　　E．23.5%　　　　F．27.5%

❸ 女性の回答者は480人であった。女性で「書店」と答えた人は何
　人か。
　　A．32人　　　　 B．48人　　　　 C．60人
　　D．72人　　　　 E．96人　　　　 F．108人

（2）ある農家では、ナス、トマト、ピーマンを栽培し、道の駅で
　　　販売している。表は6月〜8月の野菜の販売数を種類別に示
　　　したものである。

	6月	7月	8月
ナス	88個	105個	121個
トマト	95個	〔　〕個	165個
ピーマン	72個	83個	103個
計	255個	315個	389個

❶ 7月の全販売数に占める「トマト」の割合は〔　　　〕%である(必
　要なときは、最後に小数点以下第2位を四捨五入すること)。

❷ 6月の販売数を基準とした8月の販売数の増加率の大きい順に
　3種類の野菜を並べたものはどれか。つぎのA〜Fまでの中か
　ら正しいものを1つ選びなさい。

A. ナス、トマト、ピーマン

B. ナス、ピーマン、トマト

C. トマト、ナス、ピーマン

D. トマト、ピーマン、ナス

E. ピーマン、ナス、トマト

F. ピーマン、トマト、ナス

練習問題の正解＆解説

(1) ❶ B　❷ C　❸ C

❶ 表2より男性の割合は40％、表1より「食料品店」と答えた男性は
35％を読み取る。

40％のうちの35％だから、$40 \times \dfrac{35}{100} = \textbf{14}$％

よって正解は、**B**

❷ 表2より男性の割合は40％、女性の割合は60％、表1より「衣料
品店」の割合は、男性8.5％、女性25％を読み取る。

$40 \times \dfrac{8.5}{100} = 3.4$％　$60 \times \dfrac{25}{100} = 15$％

合計して、3.4＋15＝**18.4**％

よって正解は、**C**

❸ 表1の「女性」・「書店」の欄は空欄なので、単純に求めることは
できない。「女性」・「書店」の欄をx％とおくと、書店欄の男女の
割合から、つぎの方程式を立てることができる。

$40 \times \dfrac{22.5}{100} + 60 \times \dfrac{x}{100} = 100 \times \dfrac{16.5}{100}$　これを解くと、$x = 12.5$

女性は480人の12.5％ということだから、

$480 \times \dfrac{12.5}{100} = \textbf{60}$人

よって正解は、**C**

別解 女性の割合が60％で480人なので、全体は全体＝部分÷割合
を用いて、$480 \div \dfrac{60}{100} = 480 \times \dfrac{100}{60} = 800$人

「書店」の全体の割合は16.5%なので、$\boxed{部分＝全体×割合}$ を用いて、

$800×\dfrac{16.5}{100}＝132$人

また、男性は800－480＝320人、「書店」は22.5%なので、

「男性」「書店」の人数は、$320×\dfrac{22.5}{100}＝72$人

よって「女性」「書店」の人数は、132－72＝**60人**

（2）❶ 40.3　**❷** D

❶ 7月の「トマト」の販売数の欄は空欄なので、合計から「ナス」「ピーマン」の販売数を引いて求める。

　　315－（105＋83）＝127

$\boxed{割合（\%）＝部分÷全体×100}$ を用いて、127÷315＝40.31…

「小数点以下第2位を四捨五入する」ので正解は、**40.3**

❷「増加率」とは、基準になる値に対する増加した値の割合なので、

（8月－6月）÷6月×100で求めることができる。

- ●ナス　　　$(121－88)÷\dfrac{88}{100}＝37.5$

- ●トマト　　$(165－95)÷\dfrac{95}{100}＝73.68…$

- ●ピーマン　$(103－72)÷\dfrac{72}{100}＝43.05…$

増加率はトマト、ピーマン、ナス　の順に大きいので、正解は、D

増加率の求め方

PからQに増加した場合の増加率は、つぎの式で求められる。

（Q－P）÷P×100（%）

＊大小を比較するだけなら「Q÷P×100」で求めてもOK。

＊（2）はWEBテスティングの問題で、電卓を使用できるため、小数点以下まで求めるのは容易だが、電卓使用不可の場合、大小の比較だけなら小数点以下まで求める必要はない。

---

12 資料の読み取り

● 設問に必要な情報を資料の中からすばやく見つけ出す。
● 小問ごとに設定が異なることがあるので、要注意。

[例題1]　ある動物園では、付属の植物園があり、別々に入場料が
必要である。それぞれの入場料は、下表に示す通りである。なお、（　　　）内は1枚で11人入場できる団体割引チケットの価格である。

ペーパーテスティング＆テストセンター

	大　人	小学生以下
動 物 園	500円（5000円）	250円（2500円）
植 物 園	400円（4000円）	200円（2000円）
動物園・植物園セット	800円（8000円）	400円（4000円）

（1）大人8人と小学生13人のグループが「動物園・植物園セット」
のチケットを購入するとき、最も安く購入しようとすると総額でいくらになるか。

　A．11200円　　B．11600円　　C．12000円
　D．12400円　　E．13200円　　F．14400円

（2）大人5人と小学生何人かが「動物園」のみのチケットを最も
安く購入したところ、合計で6500円になった。小学生は何人いたか。

　A．12人　　B．13人　　C．14人
　D．15人　　E．16人　　F．17人

(1)

「動物園・植物園セット」の欄から「大人」と「小学生以下」を別々に読み取る。

大人8人だから、割引チケットは使用しないので、

$800 \times 8 = 6400$

	大　人	小学生以下
動 物 園	500円（5000円）	250円（2500円）
植 物 園	400円（4000円）	200円（2000円）
動物園・植物園セット	800円（8000円）	400円（4000円）

小学生13人だから、そのうち11人は割引チケットを使用し、残りの2人は個別のチケットを購入するので、

$4000 + 400 \times 2 = 4800$

合計して、6400 + 4800 = 11200円　　　よって正解は、A

(2)

「動物園」のみのチケットの欄から、「大人」と「小学生以下」を別々に読み取る。

大人5人分は　$500 \times 5 = 2500$

	大　人	小学生以下
動 物 園	500円（5000円）	250円（2500円）
植 物 園	400円（4000円）	200円（2000円）
動物園・植物園セット	800円（8000円）	400円（4000円）

小学生の入場料の合計は、6500 - 2500 = 4000

4000円になるので、割引チケットは1回使用。

割引チケット11人分の2500円分を引く。4000 - 2500 = 1500

残りの1500円分は個別に買っているので、人数を求めるには1人分の入場料で割ればよい。

$1500 \div 250 = 6$　　　11 + 6 = 17人　　　よって正解は、F

（1）表は、ある年の全国、およびX県、Y県、Z県における米の
収穫量と作付面積をまとめたものである。以下の2問に答え
なさい。

	X県	Y県	Z県	全国
収穫量	428500 t	455200 t	368300 t	8108800 t
作付面積	78000ha	85000ha	62000ha	1722000ha

❶ X県の1haあたりの収穫量は〔　　　〕t /haである（必要なとき
は、最後に小数点以下第2位を四捨五入すること）。

❷ つぎのア、イ、ウのうち、正しいものはどれか。AからFまでの
中から正しいものを1つ選びなさい。

　　ア 収穫量について、Y県はZ県の1.2倍以上である。
　　イ 作付面積について、X県はZ県の1.3倍以上である。
　　ウ 収穫量について、3県の合計が全国に占める割合は15%以上
　　　である。

A．アだけ 　　　　　B．イだけ 　　　　　C．ウだけ
D．アとイの両方 　　E．アとウの両方 　　F．イとウの両方

（1）❶ 5.5　❷ E

❶ X県の収穫量は428500 t 、作付面積は78000haであると表から
　読み取れるので、

　　428500÷78000＝5.49…

　　小数点以下第2位を繰り上げて **5.5**

❷ ア、イ、ウを検証する。

　ア 収穫量について、Y県はZ県の1.2倍以上である。

　　収穫量　Y県が455200 t 、Z県が368300 t

　　<u>455200÷368300＝1.23…</u>

> 割り算の場合割られる数、割る数と
> も同じ数で割ってかまわないので
> 00をとって計算してかまわない。
> 　4552÷3683＝1.23…

　よって、1.2倍以上だから、アは **正しい**

　イ 作付面積について、X県はZ県の1.3倍以上である。

　　作付面積　X県が78000ha、Z県が62000ha

　　78000÷62000＝1.25…

　よって、1.3倍以上にはならないので、イは **誤り**

　ウ 収穫量について3県の合計が全国に占める割合は15%以上であ
　　る。

　　収穫量　X県が428500 t 、Y県が455200 t 、
　　　　　　Z県が368300 t

　3県の合計は、428500＋455200＋368300＝1252000 t
　全国の収穫量が8108800 t なので、

　　割合（%）＝部分÷全体×100　より、

　1252000÷8108800×100＝15.4…（%）

　よって、15%以上になるので、ウは **正しい**

　アとウの両方が正しいので正解は、 E

13 推論－順序

● 与えられている条件から、穴埋め図を描く。
● 描いた穴埋め図に基づいて、正解を導く。

[例題1]　空欄に当てはまる数値を求めなさい。

4両編成の電車にX、Y、Zの3人が乗っている。3人の乗っている車両について以下のことがわかっている。

WEBテスティング

ア　XはYのひとつ前の車両に乗っている。

イ　XはZのふたつ後の車両に乗っている。

このとき、Xは前から〔　　　〕両目に乗っている。

Step1 条件を整理する。

前 □ □ □ □ 後

ア　X－Y

イ　Z－□－X

> 一定の順序を意味する記号をつける。「－」は間に何も入らないという意味にしておく。Xの直後は必ずYになる。

Step2 同じ文字をつないで長い順序をつくる。

アのXとイのXをつなぐ ➡ Z－□－X－Y

➡ Zは必ず1両目

➡ Xは3両目に乗っていることがわかる　　よって正解は、3

[例題2]　P、Q、R、S、Tの5校が駅伝に参加した。5校の成績についてつぎのことがわかっている。　**テストセンター**

Ⅰ　同着はなかった。

Ⅱ　PはQの2つ上の順位だった。

Ⅲ　RはSの3つ上の順位だった。

このとき、Tの順位としてありうるものをすべて選べ。

□ 1位　　□ 2位　　□ 3位　　□ 4位　　□ 5位

条件を整理する。

I より、同着はないので、P≠Q≠R≠S≠T

上位 ☐ ☐ ☐ ☐ ☐ 下位

Ⅱ　P－☐－Q

Ⅲ　R－☐－☐－S

> 入る位置が限定されるため、その後の手順を短くできる

Step 2 ⅡとⅢについて、長い順序の位置を先に決める。

ⅢのほうがⅡより長い ➡ Ⅲの位置を先に決める

> 検証のため1位から一段ずつずらして書いていく

上位 ☐ ☐ ☐ ☐ ☐ 下位

R－☐－☐－S ☐

☐－R－☐－☐－S

> Ⅲの順序が考えられるのはこの2つのパターンだけ

Step 3 空所に、Ⅱを当てはめてみる。

上位 ☐ ☐ ☐ ☐ ☐ 下位

R－☐－P－S－Q

P－R－Q－☐－S

> Ⅱの順序 P－☐－Qが当てはまるのはこのパターン

Tの順位は残りの空所☐に決まる ➡ 正解は、2位か4位

練 習 問 題

(1)、(2)、(4)テストセンター
(3)ペーパーテスティング&テストセンター

(1) 更衣室に一列に並んだ5つのロッカーがあり、K、L、M、Nがひとり1つ専用している。つぎのことがわかっている。

　　Ⅰ　KはLの隣のロッカーを専用している。

　　Ⅱ　MとNの間のロッカーは常に空いている。

　Mが専用しているロッカーの位置としてありうるものをすべて選べ。

☐　　☐　　☐　　☐　　☐

(2) P、Q、R、Sの4人の体重を測定した。それぞれの体重について、つぎのことがわかっている。

　　Ⅰ　PはQより重い。

　　Ⅱ　RはSより重い。

　　Ⅲ　RはPより重い。

Pの体重の順位としてあり得るものをすべて選べ。

重い □　　　□　　　□　　　□　軽い

（3）W、X、Y、Zの4つの農地の面積を比較したところ、つぎ
のことがわかった。
　　Ⅰ WはYより大きい。
　　Ⅱ 4つの農地のうち最も小さいのはYではない。

❶ つぎの推論ア、イ、ウのうち、必ずしも誤りとはいえないもの
はどれか。AからHまでの中から1つ選びなさい。
　　ア Wが3番目に大きい。
　　イ Xが最も大きい。
　　ウ Zが2番目に大きい。

A. アだけ　　　　　B. イだけ　　　　　C. ウだけ
D. アとイの両方　　E. アとウの両方　　F. イとウの両方
G. アとイとウのすべて
H. ア、イ、ウのいずれも誤り

❷ 最も少ない情報で4つの農地の面積の順位がすべてわかるために
は、ⅠとⅡの情報のほかに、つぎのカ、キ、クのうちどれが加
わればよいか。AからHまでの中から1つ選びなさい。
　　カ ZはWより大きい。
　　キ ZはYより大きい。
　　ク XはZより小さい。

A. カだけ　　　　　B. キだけ　　　　　C. クだけ
D. カとキの両方　　E. カとクの両方　　F. キとクの両方
G. カとキとクのすべて
H. カ、キ、クのすべてが加わってもわからない

（4）P、Q、R、S、Tの5人が400m走に出場した。つぎのこと
がわかっている。
　　Ⅰ　同着はいなかった。
　　Ⅱ　Pは、Qより4秒早くゴールした。
　　Ⅲ　Rは、Sより8秒早くゴールした。
　　Ⅳ　1位と5位の差は10秒あった。

　　つぎの推論ア、イ、ウのうち、必ずしも誤りとはいえない
ものはどれか。AからHまでの中から1つ選びなさい。
　　ア　Pは1位である。
　　イ　Qは2位である。
　　ウ　Rは3位である。

A. アだけ　　　　**B.** イだけ　　　　**C.** ウだけ
D. アとイの両方　　**E.** アとウの両方　　**F.** イとウの両方
G. アとイとウのすべて　　　**H.** ア、イ、ウのいずれも誤り

練習問題の正解＆解説

（1） ☑　　□　　☑　　□　　☑

Step 1　条件を整理する。

□　　　□　　　□　　　□　　　□　…ロッカーは5つ。1つは常に空き。

Ⅰ　K＊−L＊

Ⅱ　M＊−□−N＊

> 「＊」は入れ替え可能という意味にする。「K＊−L＊」はK−LにもL−Kにもなり得るということ。一定の順序を示す記号をつけることがコツ

Step 2　長い順序の位置を先に決める。

Ⅱのほうが長い ➡ Ⅱの位置を先に決める

□　　□　　□　　□　　□
M＊−　□　−　N＊−　□　−　□
□　−　M＊−　□　−　N＊−　□
□　−　□　−　M＊−　□　−　N＊

> 一段ずつ、ずらして書く

Step 3　空所に、Ⅰを当てはめてみる。

```
    □       □     □     □      □
  M＊－ □ － N＊－ K＊－ L＊…①
  ─────────────────────
  ─□──M＊──□────N＊──□──
  K＊－ L＊－ M＊－ □ － N＊…②
```

K＊－L＊が当てはまる場所がない

「＊」は入れ替え可能であることに注意してMの位置を判断すると、①から**1**番目か**3**番目、②から**3**番目か**5**番目がありうることがわかる。

(2) 重い □　☑　☑　□ 軽い →

Step1 条件を整理する。

重い □　□　□　□ 軽い

```
 Ⅰ    P  Q
 Ⅱ    R  S
 Ⅲ    R  P
```

「P Q」は下線の間に何かが入る可能性があることにしておく。P－Qも、P－S－Qなども考えられる。
一定の順序を示す記号をつけるとわかりやすい

Step2 同じ文字をつなぐ。

ⅠのPとⅢのPをつなぐ ➡ R　P　Q

ⅡとⅢをつなげることも考えられるが、SとPの順序が不確定

Step3 不確定順序しかない場合、単独の要素があればその位置を先に決める。

R　P　Q はRやP、Qの後ろに何かが入る可能性があり不確定

➡ Sも不確定だが単独 ➡ Sのほうが位置を決めやすい

➡ Sの位置を先に決める

重い □　□　□　□ 軽い
```
  S
      S
          S
              S
```

条件Ⅱより、Sは先頭にはならない

一段ずつ、ずらして書く

つまり、Sは2番目から4番目のどこかになる

Step4 空所に、残りの順序を入れる。

空所にR　P　Qを当てはめてみる。

重い □　□　□　□ 軽い
```
  R  S  P  Q
  R  P  S  Q
  R  P  Q  S
```

Pの体重は2番目か3番目

よって正解は、重い **□　☑　☑　□** 軽い →

(3) ❶ F　❷ A

❶ つぎのように、順を追って解いていく。

Step 1 条件を整理する。

大 □　　□　　□　　□　小

Ⅰ　W　Y

Ⅱ　Yは4番目には入らない。

Step 2 同じ要素が複数の条件に含まれる場合、順序を限定しやすい
　　　　ので、その要素の位置を先に決める。

Yが Ⅰ にも Ⅱ にも入っている ➡ Yの位置を先に決める

Ⅱの条件に注意して、W　Y
の位置を先に決めてもよい。
Step 3 のようになる

条件Ⅰから、Yは
1番目にはならない

条件Ⅱから、Yは
4番目にもならない

Step 3 空所に、残りの順序を入れる。

空所に W　Y を入れる。

②は□－W－Y－□
またはW－□－Y－□
のパターンがある

Yは固定されることに注意

「必ずしも誤りとはいえない」＝「あり得る」順序を判断する。

ア　Wが3番目に大きい ➡ ①②よりWは1番目か2番目

　　➡ あり得ない

イ　Xが最も大きい ➡ ②でXが最初になる可能性はある

　　（X－W－Y－□）➡ あり得る

ウ　Zが2番目に大きい ➡ ②でZが2番目になる可能性はある

　　（W－Z－Y－□）➡ あり得る

よって正解は、F

❷ 選択肢にしたがってカ、キ、クの条件を追加し、ひとつの順序に
　　決まるかどうか調べる。

A．カだけ（ZはWより大きい）→ Z　W

※ちなみに、キだけを加えて考えられる順序はZWYXかWZYX。

クだけを加えて考えられる順序はWYZXかZWYXかWZYX

→ いずれもひとつに決まらない　　　　　　　　　　よって正解は、**A**

（4）E

Step 1 条件を整理する。

| 1位 | 2位 | 3位 | 4位 | 5位 |

Step 2 数値に注意してできるだけ長い順序をつくる。

P－Qの前後にR－Sが続く順序、〈P－Q〉－〈R－S〉と〈R－S〉－

〈P－Q〉は、4＋8＝計12秒になって、全体で10秒という条件に反

する → PQはRSに含まれるか、一部重なる（PRSQは不成立）

P　R　Q　S　…①
R　P　Q　S　…②
R　P　S　Q　…③

Tはどこにでも入る
可能性がある

ア、イ、ウをそれぞれ検証する。

ア　Pは1位である → ①でTが2位以下ならばPは1位

　　→ ありうる

イ　Qは2位である → Tがどこに入っても3位以下

　　→ ありえない

ウ　Rは3位である → ①でTが1位か2位ならばRは3位

　　→ ありうる　　　　　　　　　　　　　　　　　よって正解は、**E**

14 推論－対応関係

● 表をつくり、条件やデータを書き入れる。
● 表に○×を入れて、正誤を判断する。

[例題] 赤、白、緑、青の旗が１本ずつあり、Ｐ、Ｑ、Ｒ、Ｓがひとり１本、旗を持って立っている。このとき、つぎのことがわかっている。

　　Ⅰ Ｐは赤の旗を持っていない。

　　Ⅱ Ｑは白の旗を持っていない。

　　Ⅲ Ｒは緑の旗も青の旗も持っていない。

（１）Ｒが白の旗を持っていないとすれば、確実に正しいと言えるのはどれか。ＡからＨまでの中から選びなさい。

　　ア　Ｐは白の旗を持っている。

　　イ　Ｑは青の旗を持っていない。

　　ウ　Ｓは赤の旗を持っていない。

A. アだけ　　　　　　**B.** イだけ　　　　　　**C.** ウだけ

D. アとイの両方　　　**E.** アとウの両方　　　**F.** イとウの両方

G. アとイとウのすべて

H. ア、イ、ウのいずれも正しいとはいえない

（２）Ｓが緑の旗を持っていない場合、最も少ない情報で４人の持っている旗の色をすべてわかるためには、Ⅰ～Ⅲの情報の他に、つぎのカ、キ、クのうち、どれが加わればよいか。ＡからＨまでの中から選びなさい。

　　カ　Ｐは緑の旗を持っている。

　　キ　Ｑは赤の旗を持っている。

　　ク　Ｒは白の旗を持っている。

A. カだけ   **B.** キだけ   **C.** クだけ

D. カとキの両方   **E.** カとクの両方   **F.** キとクの両方

G. カとキとクのすべて

H. カ、キ、クのすべてが加わってもわからない

表をつくり、条件を書き込む ➡ Ⅰ～Ⅲの条件から、Pの赤、Qの白、Rの緑と青の欄に✕を入れる。

（1）Rの白の欄にも✕を入れる。

	P	Q	R	S	横の行
赤	✕				＊必ず1つ◯がある。
白		✕	✕		＊1つ◯があれば、残りの欄は✕。
緑			✕		
青			✕		
縦の列	＊必ず1つ◯がある。 ＊1つ◯があれば、残りの欄は✕。				

Step 1 縦横の条件から空欄に◯✕を入れる。

①問題文から、それぞれ必ず1本旗を持っている ➡ 横の行または縦の列には必ず1つ◯がある ➡ Rの縦の列を見て赤に◯を入れる（◯^{1}）

②問題文から、ある人がある色の旗を持っていたら他の人はその色の旗を持っていないことになる ➡ 横の行に1つ◯が入れば、その他の欄は✕になる ➡ 赤の行を見てQの赤、Sの赤に✕を入れる（✕^{2}）

	P	Q	R	S	横の行
赤	✕	✕^{2}	◯^{1}	✕^{2}	＊1つ◯があれば、残りの欄は✕。
白		✕	✕		
緑			✕		
青			✕		
縦の列	＊必ず1つ◯がある。				

Step 2 表を見て判断する。

ア　Ｐは白の旗を持っている ⇒ Ｐの白は空欄 ⇒ 持っているかもしれないし、持っていないかもしれない

　　⇒ 確実に正しいとは言えない

イ　Ｑは青の旗を持っていない ⇒ Ｑの青は空欄

　　⇒ 確実に正しいとは言えない

ウ　Ｓは赤の旗を持っていない ⇒ Ｓの赤は✕なので「持っていない」ことに確定 ⇒ 確実に正しい

　　したがって、確実に正しいのはウだけ。よって正解は、Ｃ

（2）選択肢の条件を加えてすべて決まるかどうか調べる。

Step 1　（1）で加えた条件（Ｒ白✕）を消して、（2）の条件（Ｓ緑✕）を加える。

	P	Q	R	S
赤	✕			
白		✕		
緑			✕	✕
青			✕	

Step 2　Ａ．カだけ（Ｐは緑の旗を持っている）を検討する。

　1．Ｐの緑に〇を入れる（〇¹）。

　2．Ｐの白と青が✕になる（✕²）。

　3．Ｑの緑が✕になる（✕³）。⇒ 空欄が残る

	P	Q	R	S
赤	✕			
白	✕²	✕		
緑	〇¹	✕³	✕	✕
青	✕²		✕	

　　Ｂ．キだけ（Ｑは赤の旗を持っている）を検討する。

　1．Ｑの赤に〇を入れる（〇¹）。

　2．Ｑの緑と青が✕になる（✕²）。

　3．Ｐの緑が〇になり（〇³）、Ｐの白と青が✕になる（✕⁴）。

4．赤のRとSが✕になる（✕5）。

5．白はRが〇になり（〇6）、Sが✕になる（✕7）。

6．青のSが〇になる（〇8）。

　　⇒ 全部決まった。よって正解は、B

	P	Q	R	S
赤	✕	〇1	✕5	✕5
白	✕4	✕	〇6	✕7
緑	〇3	✕2	✕	✕
青	✕4	✕2	✕	〇8

ちなみに、C．クだけ（Rは白の旗を持っている）は決まらないマスが残る。

	P	Q	R	S
赤	✕		✕2	
白	✕3	✕	〇1	✕3
緑			✕	✕
青			✕	

練 習 問 題　テストセンター

（1）P、Q、R、S、Tの5人が野球を見に行った。球場まで電車で来た人は2人、バスで来た人は2人、タクシーで来た人は1人だった。以下のことがわかっている。

　　Ⅰ PとQは違う乗り物で来た。
　　Ⅱ QとRは違う乗り物で来た。

❶ PとRが違う乗り物で来たとすると、タクシーで来た可能性があるのは誰か。当てはまるものをすべて選びなさい。

　　☐ P　　☐ Q　　☐ R　　☐ S　　☐ T

❷ Qはバスで来たがSはバスで来たのではないとすると、タクシーで来た可能性があるのは誰か。当てはまるものをすべて選びなさい。

☐ P　　☐ Q　　☐ R　　☐ S　　☐ T

（2）X、Y、Zの3人は、それぞれ月曜日から土曜日までのうち4日、顧客対応を担当する。各曜日必ず2人で担当する。このとき、つぎのことがわかっている。

> Ⅰ Xには3日連続の担当がある。
> Ⅱ Yは月曜日を担当しない。
> Ⅲ Zは木曜日を担当しない。

❶ Xが担当する曜日として確実に正しいものをすべて選びなさい。

☐ 月　　☐ 火　　☐ 水　　☐ 木　　☐ 金　　☐ 土

❷ Yが担当する曜日として確実に正しいものをすべて選びなさい。

☐ 月　　☐ 火　　☐ 水　　☐ 木　　☐ 金　　☐ 土

練習問題の正解＆解説

（1）❶ P、Q、R　　❷ P、R、S

❶ 表をつくり、条件を書き込む。
PQR3人が3つの別々の乗り物を利用するとすれば、どの乗り物も3人のうちの誰かが必ず乗る ➡ タクシーもPQRのうちの1人が必ず乗る

➡ タクシー利用者は１人だけなのでＳＴはタクシーに乗っていない

これを表に書き込むと、つぎのようになる。

	P	Q	R	S	T
電車	ＰＱＲのうち誰かが乗る				２人
バス	ＰＱＲのうち誰かが乗る				２人
タクシー	ＰＱＲのうち誰かが乗る			×	×	１人
	ＰＱＲは違う乗り物を使う				

よって正解は、 **P、Q、R**

❷ ❶の条件を消し、新しい条件を書き込む。

Ｑはバスで来たので、 Ｑのバスの欄に○を入れ、 Ｓはバスで来ていないのでＳのバスの欄に✕を入れる。さらに条件から○✕を入れる。

1. Ｑは電車やタクシーで来ていないので、Ｑの列の電車とタクシーの欄に✕を入れる（✕¹）。

2. ＰとＲはＱと違う乗り物で来たので、 ＰとＲはバスで来ていない
   ➡ ＰとＲのバスのマスに✕を入れる（✕²）。

3. バスで来たのは２人 ➡ Ｑの他に残っているのはＴだけなので、
   Ｔはバスで来たことになる ➡Ｔのバスの欄に○を入れる（○³）
   ➡ Ｔはバスで来たので、電車、タクシーで来ていない
   ➡ Ｔの電車、タクシーの欄に✕を入れる（✕⁴）

	P	Q	R	S	T	横の行
電車		✕¹			✕⁴	２人
バス	✕²	○	✕²	✕	○³	２人 ＊○が２つ入る。
タクシー		✕¹			✕⁴	１人 ＊○が１つ入ると残り 　は✕になる。
縦の列	P≠Q　　Q≠R ＊○が１つ入ると残りは✕になる。					

表から、タクシーで来た可能性があるのは、 **P、R、S**

（2）❶ 月、木、金　　**❷** 火、木

表をつくり、条件を書き込む。

Yの月曜日、Zの木曜日に✕を入れる。さらに条件から○✕を入れる。

1．各曜日2人なので月の✕とZ、木の✕とYに○を入れる（○¹）。

2．✕には3日連続の担当がある

   ➡ 水（○²）木金（○²）の3連続ならば火と土は✕（✕³）。

   ➡ 木金（○⁴）土（○⁴）の3連続ならば ➡ ✕の火と水は✕（✕⁵）。

3．各曜日2人なので火のYとZに○を入れる（○⁶）。

	月	火	水	木	金	土	
X	○¹	✕³	○²	○¹	○²	✕³	担当日数4日。
		✕⁵	✕⁵		○⁴	○⁴	Xは3日連続。
Y	✕	○⁶		○¹			
Z	○¹	○⁶		✕			
各曜日2人。							

表から、**❶** Xが担当する曜日として確実に正しいのは、**月、木、金**

            ❷ Yが担当する曜日として確実に正しいのは、**火、木**

CHECK!

15 推論―内訳

- 条件を整理して、内訳の一覧表をつくる。
- 考えられる組み合わせを書き出して、正解を導き出す。

[例題1] 空欄に当てはまる数値を求めなさい。

スポーツ好きの30人に、野球、サッカー、ラグビーのうちどれに一番興味があるかを尋ね、ひとつを選んで投票してもらった。得票数についてつぎのことがわかっている。

WEBテスティング

ア 野球の得票数はサッカーの2倍だった。

イ 3つとも7票以上だった。

このとき、ラグビーは〔　　　〕票だった。

．．

　表をつくる ➡ サッカーの得票数が基準になって野球の得票数が決まるので、サッカーを表の一番左に置く ➡ サッカーの得票数のうち、ありうる最小の数から入れてみる ➡ 条件イより7票から始め、条件により野球とラグビーの得票数を決める。

サッカー×2＝野球		ラグビー＝合計－（サッカー＋野球）	計
↓	↓		
7	14	9　← 30－（　7　＋ 14 ）	30
8	16	6　← 30－（　8　＋ 16 ）	30
		➡ 7票未満なので条件イに反する	

これ以上は条件イに反することになるのは明白。

　表からサッカー7票、野球14票、ラグビー9票以外は成り立たないことがわかる。よって正解は、9

[例題2]　赤鉛筆と青鉛筆が同じ本数ある。Ｐ、Ｑ、Ｒ、Ｓの4人にこれらをすべて配った。このとき、つぎのことがわかっている。

　Ⅰ　Ｐは4本受け取り、受け取った本数はもっとも多い。
　Ⅱ　Ｓの受け取った本数がもっとも少ない（０本ではない）。

（1）赤鉛筆と青鉛筆の合計本数としてありうるのはつぎのうちどれか。当てはまるものをすべて選びなさい。

　□ 4本　□ 5本　□ 6本　□ 7本　□ 8本　□ 9本
　□ 10本　□ 11本　□ 12本　□ 13本以上

（2）Ｑの受け取った赤鉛筆が3本だった場合、Ｐが受け取った赤鉛筆の本数としてありうるのはつぎのうちどれか。当てはまるものをすべて選びなさい。

　□ 0本　□ 1本　□ 2本　□ 3本　□ 4本　□ 5本以上

- -

１．表をつくる ➡ Ⅰ、ⅡよりＰが最大、Ｓが最小は決定
　　➡ ＱとＲは、ＰとＳの間にある
２．ⅠよりＰ＝4から始め、条件に従ってＱ、Ｒ、Ｓにありうる本数を入れる
３．条件より赤と青が同じ本数 ➡ 合計は偶数 ➡ 合計は12か10。
　　表はつぎのようになる。

P	>	Q	または	R	>	S	合計（偶数）
4		3		3		2	12
				3		~~1~~	~~11~~
		4より小さいのは		2		1	10
		3、2、1		~~1~~		×	
		~~2~~		~~2~~		~~1~~	~~9~~
				~~1~~		×	

０にはならない

（1）表より、あり得る合計本数は、10本、12本
（2）赤青同数なので、赤の本数は合計の半分の6本か5本 ➡ Qが
　　　赤3本を受け取った場合、残りの赤は3本か2本 ➡ Pの受け
　　　取った赤の本数は最大で3本まで。したがってあり得る本数は、
　　　0本、1本、2本、3本

練 習 問 題

> （1）〜（3）WEBテスティング
> （4）、（5）ペーパーテスティング＆テストセンター

（1） 製造したどら焼きを、それぞれ12個、18個、20個入る3種類
　　　の大きさの箱に余さず詰めた。つぎのことがわかっている。

　　　　　ア　どら焼きは全部で98個製造した。

　　　　　イ　18個入りの箱の数が最も多い。

　　　このとき、12個入りの箱は〔　　　〕箱ある。

（2） 仕事の打ち合わせで、3日間で30人と面談した。各日に面談
　　　した人の数についてつぎのことがわかっている。

　　　　　ア　1日目と2日目に面談した人の数の差は2人だった。

　　　　　イ　2日目と3日目に面談した人の数の差は2人だった。

　　　このとき、最も多くの人と面談した日に面談した人の数は
　　　〔　　〕人だった。

（3） 30人の生徒をP、Q、Rの3クラスに分けた。クラスの人数
　　　について、つぎのことがわかっている。

　　　　　ア　人数はP、Q、Rの順に多い。

　　　　　イ　PとQのクラスの人数の差はRのクラスの人数に等し
　　　　　　　い。

　　　このとき、Pのクラスの人数は〔　　　〕人である。

（4） あるスーパーではカキが120円、リンゴが150円である。PとQがこのスーパーでカキとリンゴを買った。

❶ Pの代金の合計は1260円だった。購入したカキの数としてありうるものをすべて選べ。

☐ 1 ☐ 2 ☐ 3 ☐ 4 ☐ 5
☐ 6 ☐ 7 ☐ 8 ☐ 9 ☐ 10

❷ Qの代金の合計は1140円だった。購入したリンゴの数としてありうるものをすべて選べ。

☐ 1 ☐ 2 ☐ 3 ☐ 4 ☐ 5 ☐ 6 ☐ 7

（5） 赤、白、ロゼのワインが合わせて15本ある。つぎのことがわかっている。

　　Ⅰ　赤ワインは5本以上ある。

　　Ⅱ　白ワインとロゼとの本数の差は3本である。

❶ 赤ワインと白ワインの本数の差としてありうるものをすべて選べ。

☐ 0 ☐ 1 ☐ 2 ☐ 3 ☐ 4
☐ 5 ☐ 6 ☐ 7 ☐ 8 ☐ 9

❷ 白ワインよりロゼの方が多いとすると、白ワインの数としてありうるものをすべて選べ

☐ 1 ☐ 2 ☐ 3 ☐ 4 ☐ 5
☐ 6 ☐ 7 ☐ 8 ☐ 9 ☐ 10

練習問題の正解＆解説

（1）2

表をつくる。18個入りの箱の数がイの条件で限定されるので、18個入りの箱を表の一番左に置く ➡ 18個入りの箱の数のうち、ありうる最小の数から入れていく

➡ 18個入りの箱が1つでは「最も多い」にならないので、18個入りの箱の数は2以上 ➡ 18個入りの箱の数2から始め、条件にしたがって他の箱のありうる数を入れていく

表はつぎのようになる。

18個入り ＞	12個入り	20個入り	合計個数98個
2箱　36個	1箱　12個 ● 18個入りの箱の数の2より少ない箱の数は1。	1箱　20個	68個 ※合計が合わない。
3箱　54個	1箱　12個	1箱　20個 2箱　40個	86個 106個
	2箱　24個 ● 18個入りの箱より少ない箱の数は1か2。	1箱　20個 ● これ以上は合計が98を超えるのは明白。	98個　正解
4箱　72個	1箱　12個	1箱　20個	104個
これ以上は合計個数が98を超えることは自明 ➡ 計算する必要はない。			

よって正解は、**2**

（2）12

1日目と2日目の差が2人、2日目と3日目の差も2人で、合計30人になる ➡ 3つの数で合計30人になりそれぞれの差が2人になる数を探す

$$\underset{\substack{\longleftrightarrow \\ 差が2}}{\square\ +\ \square}\ \underset{\substack{\longleftrightarrow \\ 差が2}}{+\ \square}\ =30$$

直観が働けば、3日間で10人つまり、10＋10＋10＝30から、最初の10から2を引き、最後の10に2を足して、8＋10＋**12**＝30とわかるだろう。

直観が働かなかったら、表をつくって解く。面談した人の数のうち、あり得る最小の数から入れてみる ➡ 人数には合計30人以外に条件がないので1人から始める。

	差が2人になる組み合わせ	合計30人
合計30人にはまったく足りないので、つぎは大きく増やしてみる	**1人** 3人 5人 ● いつの日の人数かは不確定	**9人** ● 合計人数がまったく足りない
合計人数がオーバーしたので、1人ずつ減らす	**10人** 12人 14人 9人 11人 13人 **8人 10人** 12人 ● これ以下は合計人数が不足するのは明白	36人 33人 30人

上の表から、一番多く面談した日の人数は**12人**。よって正解は、 **12**

方程式で解くこともできる
1日目に面談した人数をX、2日目をY、3日目をZとおく。
X＋Y＋Z＝30…① 　　X－Y＝±2…② 　　Y－Z＝±2…③ 　　②より
X＝Y±2…④ 　　③よりZ＝Y±2…⑤ 　　④と⑤を①に代入すると、
（Y±2）＋Y＋（Y±2）＝30…⑥ 　　整理すると、3Y＋4＝30または
3Y＝30または3Y－4＝30。ここからYを出すが、Yは人数なので整数である。したがって、Y＝10人。最も多い人数はY＋2＝**12人**。

（3）15

条件を表にして、Pの人数のうち、あり得る最小の数から入れてみる

➡ ア P＞Q＞Rの条件から、P＝3から始める。

	P ＞ Q ＞ P－Q＝R		合計 30人
合計30人にはまったく足りないので、つぎは大きく増やしてみる	3	2	1	6 ● 合計人数が足りない
	10	9	1	20 ● 合計人数が足りない
まだ足りないので、さらに大きく増やす	20	<u>19</u>	1	40
	20	<u>18</u>	2	40
	● Qの数を減らしてもRの数が 増えるので合計は不変 ➡ Pの数を減らす			● 合計人数オーバー

P＝3のとき合計6、P＝10のとき合計20、P＝20のとき合計40

➡ Pの2倍が合計だから、P＝**15**にすれば合計30になるとわかる。

P ＞ Q ＞ P－Q＝R			合計 30人
15	<u>14</u>	1	30
15	<u>13</u>	2	30
● P＝14だと合計28になってしまう			

よって正解は、 **15**

> **方程式で解くこともできる**
> Pの人数をp、Qをq、Rをrとおく。
> p＋q＋r＝30…① p＞q＞rなのでイからp－q＝r…② ②を①に代入
> すると、p＋q＋(p－q)＝30 整理すると2p＝30 よってp＝15

（4）❶ 3、8　　❷ 2、6

❶ 条件を表にして、買ったカキの数のうち、ありうる最小の数から
入れてみる。

カキ120円	リンゴ　150円	合計1260円
1個　120	1260－120＝11**40** ➡ 150で割り切れない ➡ リンゴの数は整数でないとおかしい	1140は下2桁が40だが、150の倍数の下2桁は00か50 ➡ 計算しなくても割り切れないとわかる。
2個　240	1260－240＝10**20** ➡ 150で割り切れない	
3個　3**60**	1260－360＝900 ➡ 150で割ると6（割り切れる）	**正解**
4個　4**80**	12**60**－480 ➡ 150で割り切れない	150の倍数の下2桁は00か50 ➡ 1260からカキの代金を引いて150の倍数にするにはカキの代金の下2桁は60または10 ➡ 計算しなくても割り切れないとわかる ➡ **計算を省略して時間を短縮！**
5個　600	1260－600 ➡ 150で割り切れない	
6個　720	1260－7**20** ➡ 150で割り切れない	
7個　840	1260－8**40** ➡ 150で割り切れない	
8個　9**60**	1260－960＝300 ➡ 150で割ると2（割り切れる）	**正解**
9個　1080	1260－10**80** ➡ 150で割り切れない	計算しなくても割り切れないとわかる。
10個　1200	1260－12**00** ➡ 150で割り切れない	

よって正解は、 3と8

❷ 上の表で合計を1140にして同じように考える ➡ 1140からカキ
の代金を引いて5の倍数にするにはカキの代金の下2桁が40また
は90 ➡ カキは2個か7個
　　カキ2個の場合　1140－**240**＝900　900÷150＝**6**
　　カキ7個の場合　1140－8**40**＝300　300÷150＝**2**
カキ2個の場合、リンゴは**6**個。カキ7個の場合、リンゴは**2**個。
よって正解は、 2と6

(5) ❶ 0、3、6、9　　❷ 1、2、3

❶ 条件を表にして、赤ワインの本数のうち、ありうる最小の数から
入れてみる ➡ Ⅰから赤ワインの数は5以上 ➡ 赤ワインの数5か
ら始める。

赤	白かロゼ　差が3	合計
5	全部で10(15－5＝10)	15
	9　　1　　差8	
	8　　2　　差6	
	7　　3　　差4	
	6　　4　　差2	差は3にならない
6	全部で9(15－6＝9)	15
	8　　1　　差7	
	7　　2　　差5	
	6　　3　　差3	差が3になる ➡ 正解
7	全部で8(15－7＝8)	15
	7　　1　　差6	
	6　　2　　差4	
	5　　3　　差2	差は3にならない
8	全部で7(15－8＝7)	15
	6　　1　　差5	
	5　　2　　差3	差が3になる ➡ 正解
9	全部で6(15－9＝6)	15
	5　　1　　差4	
	4　　2　　差2	差は3にならない
10	全部で5(15－10＝5)	15
	4　　1　　差3	差が3になる ➡ 正解
●11以上では白とロゼの差3をつくれないのは明白。		

上の表から、本数の差が3になる赤ワインと白またはロゼの本数の組
み合わせは
　　1)6・6・3、 2)8・5・2、 3)10・4・1の3つ。
白ワインとロゼのどちらが多いかは決まっていないことに注意して、
赤ワインと白ワインの本数の差は、
　　1)の場合　赤6　白6か3 ➡ 差は0か3
　　2)の場合　赤8　白5か2 ➡ 差は3か6
　　3)の場合　赤10　白4か1 ➡ 差は6か9
よって正解は、**0か3か6か9**

❷「白ワインよりロゼの方が多い」
➡ 白ワインの本数は小さい方の数。
　　1)の場合は3、 2)の場合は2、 3)の場合は1
よって正解は、**1か2か3**

16 推論－命題の正誤

● 「ならば」でつなぐことができる文を問う問題。
● 共通の話題を述べている場合、具体的な内容の文から漠然とした内容の文につなぐ。
● 共通の話題を述べていない文どうしはつながらない。

[例題]　ある企業の行事について、つぎのことがわかっている。

　　P　少なくとも年に2回以上交流会を開く。

　　Q　営業部の交流会と技術部の交流会は異なる月に開く。

　　R　営業部の交流会は4月に、技術部の交流会は10月に開く。

　　しかし、これらの情報はすべてが信頼できるものとは限らない。

　そこで種々の場合を想定して推論がなされた。

（1）つぎの推論ア、イ、ウのうち、正しいものはどれか。Aから
　　　Hまでの中から1つ選びなさい。

　　　ア　Pが正しければQも必ず正しい。

　　　イ　Qが正しければRも必ず正しい。

　　　ウ　Rが正しければPも必ず正しい。

　　A．アだけ　　　　　B．イだけ　　　　　C．ウだけ
　　D．アとイの両方　　E．アとウの両方　　F．イとウの両方
　　G．アとイとウのすべて　　　　　　　　　H．正しい推論はない

（2）つぎの推論カ、キ、クのうち、正しいものはどれか。Aから
　　　Hまでの中から1つ選びなさい。

　　　カ　Pが正しければRも必ず正しい。

　　　キ　Qが正しければPも必ず正しい。

　　　ク　Rが正しければQも必ず正しい。

A. カだけ   **B.** キだけ   **C.** クだけ

D. カとキの両方   **E.** カとクの両方   **F.** キとクの両方

G. カとキとクのすべて   **H.** 正しい推論はない

　P、Q、Rの3つの文のうち、「ならば」でつないで論理的に成立するものを選ぶという問題である。「AならばB」を論理的に成立させるためには、**「具体的な内容の文」ならば「漠然とした内容の文」** となるようにつなぐ。

　これは場所で考えるとわかりやすい。たとえば「東京にいる」と「渋谷にいる」の場合、「渋谷にいる」ならば「東京にいる」と言える。逆に「東京にいる」ならば「渋谷にいる」とは言い切れない。以上から、「渋谷」という具体的で明確な情報を含んだ文と「東京」という漠然とした情報しか含んでいない文を「ならば」でつなぐ場合、「具体的な内容の文」ならば「漠然とした内容の文」とつなげばよいことがわかる。

　円（楕円）で表せば、渋谷という小さい円が東京という大きい円に含まれる形になり、小円から大円につなぐのが正しいことがわかる。

　ただし、**AもBも同じトピックの情報を扱っていることが必要** である。これも場所で考えるとわかりやすい。たとえば「東京にいる」と「大阪にいる」という場合、「東京にいる」ならば「大阪にいる」とは言えない。これは東京と大阪という別のトピックの文だからである。円で表せば、大阪と東京は離れた円になるので、「ならば」ではつなげないことがわかる。

　P、Q、Rの文について検討すると、

1．PもQもRも交流会についての文なので共通のトピックを扱っている文。

2．Pは漠然と「交流会」とあるだけだが、Qは「営業部の交流会」
「技術の交流会」と具体的、詳細になり、Rは「営業部の交流
会は4月」、「技術部の交流会は10月」とさらに具体的、詳細
になっている。

→ **「具体的な文」ならば「漠然とした文」**とつながるから「Rな
らばQ（P）」「QならばP」となり、正
解は**(1) ウ**だけ、**(2) キとク**の両方。
よって正解は、**(1) C**、**(2) F**

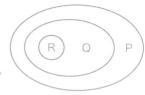

文と文の関係を円で表すこともできる。
Pは一番漠然としているので一番大き
い円、Rは一番具体的なので一番小さい円、Qはその中間なので、
中間の大きさの円になる。小円から大円へとつなぐことができるの
で、「R➡Q➡P」とつなぐことができるとわかる（「R➡P」とつ
なぐこともできる）。

練習問題　　　　　　　　　　　　　ペーパーテスティング＆テストセンター

(1) あるバスケットボール部の部員が10分間バスケットボールの
シュート練習をした。それを見ていたこの部員の仲間である
P、Q、Rはそれぞれつぎのように述べた。

P 全部で少なくとも10回シュートに成功した。

Q 1分ごとに少なくとも1回シュートに成功した。

R 練習開始からすぐに1回シュートに成功し、それから1分以内
に少なくとも1回シュートに成功し、最後まで同じようにシュー
トに成功した。

3人が語ったことは、必ずしもすべてが信頼できるとはいえない。
そこで種々の場合を想定して推論がなされた。

❶ つぎのア、イ、ウの推論のうち正しいのはどれか、AからHの
中から1つ選びなさい。

ア　Pが正しければQも必ず正しい。
　イ　Qが正しければRも必ず正しい。
　ウ　Rが正しければPも必ず正しい。

A. アだけ　　　　**B.** イだけ　　　　**C.** ウだけ
D. アとイの両方　　**E.** アとウの両方　　**F.** イとウの両方
G. アとイとウのすべて　　　　　　　**H.** 正しい推論はない

❷ つぎのカ、キ、クの推論のうち正しいのはどれか、AからHの
　中から1つ選びなさい。
　カ　Pが正しければRも必ず正しい。
　キ　Qが正しければPも必ず正しい。
　ク　Rが正しければQも必ず正しい。

A. カだけ　　　　**B.** キだけ　　　　**C.** クだけ
D. カとキの両方　　**E.** カとクの両方　　**F.** キとクの両方
G. カとキとクのすべて　　　　　　　**H.** 正しい推論はない

（2）駅から東京タワーに行く道について以下のような情報を得た。
　P　右の道は東京タワーに続いている。
　Q　左の道は公園を通って東京タワーに続いている。
　R　右の道と左の道のうち少なくとも一方は東京タワーに続いて
　　　いる。

　しかし、これらの報告はすべてが信頼できるものとは限らない。
そこで種々の場合を想定して推論がなされた。

❶ つぎのア、イ、ウの推論のうち正しいのはどれか、AからHの
　中から1つ選びなさい。
　ア　Pが正しければQも必ず正しい。
　イ　Qが正しければRも必ず正しい。
　ウ　Rが正しければPも必ず正しい。

A．アだけ　　　　B．イだけ　　　　C．ウだけ
D．アとイの両方　E．アとウの両方　F．イとウの両方
G．アとイとウのすべて　　　　　　H．正しい推論はない

❷ つぎのカ、キ、クの推論のうち正しいのはどれか、AからHの
　中から1つ選びなさい。
　　カ　Pが正しければRも必ず正しい。
　　キ　Qが正しければPも必ず正しい。
　　ク　Rが正しければQも必ず正しい。
　A．カだけ　　　　B．キだけ　　　　C．クだけ
　D．カとキの両方　E．カとクの両方　F．キとクの両方
　G．カとキとクのすべて　　　　　　H．正しい推論はない

（3）XとYが1回じゃんけんをした。その結果について以下のこ
　　とがわかっている。
　P　Xが勝った。
　Q　Xはグーを、Yはチョキを出した。
　R　XもYもパーを出さなかった。
　しかし、これらの情報はすべてが信頼できるものとは限らない。
そこで種々の場合を想定して推論がなされた。

❶ つぎのア、イ、ウの推論のうち正しいのはどれか、AからHの
　中から1つ選びなさい。
　　ア　Pが正しければQも必ず正しい。
　　イ　Qが正しければRも必ず正しい。
　　ウ　Rが正しければPも必ず正しい。
　A．アだけ　　　　B．イだけ　　　　C．ウだけ
　D．アとイの両方　E．アとウの両方　F．イとウの両方
　G．アとイとウのすべて　　　　　　H．正しい推論はない

❷ つぎのカ、キ、クの推論のうち正しいのはどれか、AからHの中から１つ選びなさい。

　　カ Pが正しければRも必ず正しい。
　　キ Qが正しければPも必ず正しい。
　　ク Rが正しければQも必ず正しい。

　A. カだけ　　　　　**B.** キだけ　　　　　**C.** クだけ
　D. カとキの両方　**E.** カとクの両方　**F.** キとクの両方
　G. カとキとクのすべて　　　　　　**H.** 正しい推論はない

（1）❶ C　❷ F

P、Q、Rの発言について検討すると、

1. PもQもRもバスケットボールのシュートの成功回数について述べているので、共通のトピックの文。P、Q、Rは「ならば」でつなげることができる可能性がある。

2. Pは「全部で少なくとも10回成功」とあるだけだが、Qは「１分ごとに少なくとも１回成功」と具体的、詳細になり、Rは「練習開始からすぐに１回成功し、それから１分以内に少なくとも１回成功」と、さらに具体的、詳細になっている。➡ [**具体的な文＋ならば＋漠然とした文**]とつながるから「RならばQ（P）」「QならばP」となる。

よって正解は、❶はC. **ウだけ**、❷はF. **キとクの両方**

円で表せば、一番漠然としているPが大円、
一番具体的詳細なRが小円、その中間のQ
が中円になり、R➡Q➡Pとつなぐことが
できるとわかる。

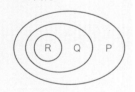

（2）❶ B　❷ A

1. Pは「右の道」についての文で、Qは「左の道」についての文
　➡ 内容が重ならない無関係な文 ➡「ならば」ではつなげない。

2. Rは右の道についても左の道についても述べているので、RはP、

➡ PもQも「東京タワーに続いている」と明言しているのに対して、Rはどちらか一方が東京タワーに続いていると述べているだけで、どちらが東京タワーに続いているのかわからない曖昧な漠然とした内容。

➡ [具体的な文＋ならば＋漠然とした文]とつながるから「PならばR」「QならばR」となる。

よって正解は、❶B．イだけ、❷A．カだけ

円で表せば、PとQは無関係な文だから、離れた円、PとRはPが具体的な文で小円、R

が漠然とした文で大円、QとRも同様に小円と大円になる。これを1つにまとめると右図のようになり、P➡R、Q➡Rとつながるとわかる。

（3）❶ B　❷ B

どの文が具体的かわかりにくいときは、表でP、Q、Rを整理する。

X ＼ Y	グー	チョキ	パー
グー	①	②	③
チョキ	④	⑤	⑥
パー	⑦	⑧	⑨

P 「Xが勝った」は②Xグイチ、⑥Xチイパ、⑦XパYグの場合。

Q 「Xはグーを、Yはチョキを出した」は②XグYチの場合。

R 「XもYもパーを出さなかった」は①XグYグ、②XグYチ、

　④XチYグ、⑤XチYチの場合。

Qの②はPにもRにも含まれているが、PとRには②以外に共通する要素はない。これを円で表せばつぎの通り。

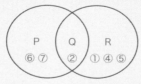

したがって正しい推論は「QならばR」と「QならばP」。よって正解は、❶B．イだけ、❷B．キだけ

17 推論－その他

●位置、総当たり戦などがある。
●いずれも与えられた情報をもとに図や表をつくり、推論の正
誤を判断する。

[例題－位置]　V、W、X、Y、Zの5つの高級腕時計の価格につ
いて調べると 90万円から120万円であり、Xが最
高額で、他にXと同じ価格のものはなかった。この
とき、つぎのことがわかっている。

　I　VとWは20万円の差があった。
　II　WとZは10万円の差があった。
　III　YとZは10万円の差があった。

(1)　つぎの推論ア、イの正誤を考え、AからIまでの中から正し
いものを1つ選びなさい。
　　ア　Wは90万円である。
　　イ　Zは100万円である。

　A. アもイも正しい
　B. アは正しいが、イはどちらともいえない
　C. アは正しいが、イは誤り
　D. アはどちらともいえないが、イは正しい
　E. アもイもどちらともいえない
　F. アはどちらともいえないが、イは誤り
　G. アは誤りだが、イは正しい
　H. アは誤りだが、イはどちらともいえない
　I. アもイも誤り

（2）　ⅠからⅢの他、つぎのカ、キ、クのうち、少なくともどの情
　　　報が加われば、5つの腕時計の価格順がわかるか。AからH
　　　までの中から1つ選びなさい。

　　　カ　VはWより高い。
　　　キ　WはYより高い。
　　　ク　YはZより高い。

A. カだけ　　　　　　**B.** キだけ　　　　　　**C.** クだけ

D. カとキの両方　　　**E.** カとクの両方　　　**F.** キとクの両方

G. カとキとクのすべて

H. カ、キ、クのすべてが加わってもわからない

Step 1 条件を整理する。

```
                                          Xが最高額
                                          （＝120万円）
     90                              120
─────────────────────────────────────       ※Ⅰ～Ⅲより、価
 Ⅰ   V   差20  W  または  W   差20  V    X      格差は10万円単
 Ⅱ   W   差10  Z          Z   差10  W    X      位なので、91万
 Ⅲ   Y   差10  Z          Z   差10  Y    X      円などの端数は
                                              考えなくてよい
```

Step 2 Ⅰ～Ⅲを90から120の数直線に当てはめてみる。

1．120はX 1つだけなので、条件Ⅰは90から110の間しかない。

90	100	110	120	または	90	100	110	120
V	差20	W	X		W	差20	V	X

2．Wの位置に合わせて条件Ⅱを入れる。

90	100	110	120	または	90	100	110	120
V	差20	W	X		W	差20	V	X
	Z 差10 W				W 差10 Z			

3．Zの位置に合わせて条件Ⅲを入れる。

90	100	110	120	または	90	100	110	120
V	差20	W	X		W	差20	V	X
	Z 差10 W				W 差10 **Z**			
Y 差10 Z｜Z 差10 Y …①					Y 差10 Z｜Z 差10 Y …②			

175

①②より、推論の正誤を考える。

(1) ア　Wは90万円　　➡ ①で110万円もあるので断定できない
　　　　　　　　　　　　➡ どちらともいえない。

　　　イ　Zは100万円　　➡ ①でも②でも100万円 ➡ 正しい。

(2) カ　VはWより高い　➡ ②のYが決まらない。

　　　キ　WはYより高い ➡ ①でYが90万円と決まり、すべて決まる。

　　　ク　YはZより高い ➡ ①か②か決まらない。

よって正解は、(1) D、(2) B

練 習 問 題　　　　　　ペーパーテスティング&テストセンター

(1) W、X、Y、Zの4人が卓球で総当たり戦を行った。このとき、
　　つぎのことがわかっている。
　　　　Ⅰ　WはZに勝って、1勝2敗だった。
　　　　Ⅱ　YはXに勝って、2勝1敗だった。
　　　　Ⅲ　引き分けはなかった。

❶ つぎの推論ア、イの正誤を考え、AからIまでの中から正しい
　　ものを1つ選びなさい。
　　　ア　WはYに勝った。
　　　イ　XはZに負けた。
　　A. アもイも正しい
　　B. アは正しいが、イはどちらともいえない
　　C. アは正しいが、イは誤り
　　D. アはどちらともいえないが、イは正しい
　　E. アもイもどちらともいえない
　　F. アはどちらともいえないが、イは誤り
　　G. アは誤りだが、イは正しい
　　H. アは誤りだが、イはどちらともいえない
　　I. アもイも誤り

❷ ⅠからⅢの他、つぎのカ、キ、クのうち、少なくともどの情報
が加われば、4人の勝敗すべてがわかるか。AからHまでの中
から1つ選びなさい。

　　カ　XはYに負けた。
　　キ　YはZに負けた。
　　ク　ZはXに勝った。

A. カだけ　　　　　**B.** キだけ　　　　　**C.** クだけ

D. カとキの両方　　**E.** カとクの両方　　**F.** キとクの両方

G. カとキとクのすべて

H. カ、キ、クのすべてが加わってもわからない

（2） PとQの2人がじゃんけんを3回行った。あいこはなかった。
このとき、つぎのことがわかっている。

　　　Ⅰ　Pはパーを出していない。
　　　Ⅱ　Pは一度だけチョキを出した。
　　　Ⅲ　Qは一度だけグーを出した。

❶ Pの勝敗について、つぎのア、イ、ウのうち必ずしも誤りとは
いえないのはどれか。

　　ア　3勝0敗だった。
　　イ　2勝1敗だった。
　　ウ　1勝2敗だった。

A. アだけ　　　　　**B.** イだけ　　　　　**C.** ウだけ

D. アとイの両方　　**E.** アとウの両方　　**F.** イとウの両方

G. アとイとウのすべて　　　　　**H.** ア、イ、ウのいずれも誤り

❷ Ⅰ、Ⅱ、Ⅲの情報に加えて、つぎのカ、キ、クのうち少なくともど
れを加えれば、3回のじゃんけんについてPの勝敗数が確定するか。

　　カ　Pは1回目と2回目に同じ手を出した。
　　キ　Qはすべて違う手を出した。
　　ク　Qは同じ手を連続して出した。

A. カだけ　　　　B. キだけ　　　　C. クだけ
D. カとキの両方　　E. カとクの両方　　F. キとクの両方
G. カとキとクのすべて
H. カ、キ、クのすべてが加わってもわからない

練習問題の正解&解説

(1) ❶ H　❷ C

相　手					
		W	X	Y	Z	
自分	W				○	1勝2敗
	X					
	Y		○			2勝1敗
	Z					

自分と自分は対戦しないので斜線を入れる

I から、WはZに勝ち

➡ Wの行のZのマスに○を入れ、1勝2敗とメモ。

II から、YはXに勝ち

➡ Yの行のXのマスに○を入れ、2勝1敗とメモ。

相　手					
		W	X	Y	Z	
自分	W		×[1]	×[1]	○	1勝2敗
	X	○[4]		×[3]		
	Y	○[4]	○		×[5]	2勝1敗
	Z	×[2]		○[6]		

斜線を挟んで反対の位置にあるマスの○×は逆になる

1. I からWはZに勝って1勝2敗 ➡ 2敗は残りのXとY

　➡ ×を入れる（×[1]）

2. Wの行のZのマスが○（WはZに勝ち）➡ 斜線を挟んで反対の位置にあるマスは×（ZはWに負け）になる（×[2]）

3. Yの行のXのマスが○（YはXに勝ち）➡ 斜線を挟んで反対の位置にあるマスは×（XはYに負け）になる（×[3]）

5. ⅡからYは2勝1敗 ➡ 1敗はZに決定 ➡ Zのマスに×(×^{5})

6. Yの行のZのマスが× ➡ 斜線を挟んで反対の位置にあるマスは
   ○(○^{6})

❶ 上の対戦表から、ア(WはYに勝ち)は誤り、イ(XはZに負け)は
   どちらともいえないので、正解は**H**。

❷ 選択肢にしたがって条件を加えていく。

A. カだけ(XはYに負け) ➡ Xの行のYはすでに×とわかっている
   ➡ カが加わってもX対Zの結果がわからない。

B. キだけ(YはZに負け) ➡ Yの行のZはすでに×とわかっている
   ➡ キが加わってもX対Zの結果がわからない。

C. クだけ(ZはXに勝ち) ➡ Zの行のXに○が入り、全員の勝敗が
   決定する。　　よって正解は、**C**

(2) ❶ F　❷ B

Ⅰ…Pパ0　Ⅱ…Pチ1　Ⅲ…Qグ1

(PもQも、いつ何を出すかは決まっていない)

➡ Pパ0、Pチ1から、Pはグーを2回、チョキを1回出す。

➡ Qグ1、あいこなしから、Pがチョキを出したときにQはグーを
   出し、Pがグーを2回出したときにQはチョキかパーを出す。

表をつくり、上の情報を書き込む。

あいこなし	何回目に何を出したかは不確定		
P　パ0、チ1、グ2	チ	グ	グ
Q　グ1	グ	チまたはパ	パまたはチ
Pの勝敗	負け	勝ちまたは負け	負けまたは勝ち

❶ 表からPの勝敗としてあり得るのは、0勝3敗、1勝2敗、2勝
   1敗。よって正解は、**イとウの両方**

❷ 条件カ、キ、クをそれぞれ加えて検証する。

「A．カだけ」➡ Pは1回目と2回目に同じ手

➡ Pはチ1パ0なので、1回目と2回目に出すのはグーしかない

これを表に書き加える。

あいこなし		1回目	2回目
P　パ0、チ1	チ	グ	グ
Q　グ1	グ	チまたはパ	パまたはチ
Pの勝敗	負け	勝ちまたは負け	負けまたは勝ち

➡ 1回目と2回目のPの勝敗は不確定。

「B．キだけ」➡ Qはすべて違う手
➡ ただし、与えられた情報から、Pがチョキを出したときにQがグー
　を出して勝つことは確定
➡ Pがグーを2回出したときにQはチョキとパーを出す。このとき、
　Qは1勝1敗
➡ 両方を合わせて、**Pの1勝2敗が決まる。**

あいこなし	何回目に何を出したかは不確定		
P　パ0、チ1	チ	グ	グ
Q　グ1	グ	**チ**またはパ	**パ**またはチ
Pの勝敗	負け	**勝ち**または負け	**負け**または勝ち

「C．クだけ」➡ Qは同じ手を連続して出した
➡ ①Pが2回グーを出したときにQはチョキを2回連続で出した
　➡ Pの2勝 ➡ PチQグのP1敗と合わせて、Pの2勝1敗
➡ ②Pが2回グーを出したときにQはパーを2回連続で出した
　➡ Pの2敗 ➡ PチQグのP1敗と合わせて、Pの0勝3敗
➡ ①と②のいずれになるかはわからないので、**Pの勝敗数は不確定。**

あいこなし	何回目に何を出したかは不確定		
P　パ0、チ1、グ2	チ	グ	グ
Q　グ1	グ	チ	チ
		パ	パ
Pの勝敗	**負け**	**勝ち**	**勝ち**
		負け	**負け**

よって正解は、**B．キだけ**

18 グラフの領域

●グラフの領域とは、いくつかの直線を境界線にして、その直線で囲まれた領域のこと。出題はペーパーテスティングのみ。

グラフの基本知識 ― 式と直線の関係

- $y=a$ は y 軸上の点 a を通り、x 軸に平行な直線

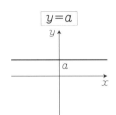

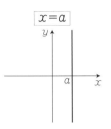

- $x=a$ は x 軸上の点 a を通り、y 軸に平行な直線

- $y>a$ は $y=a$ の直線より上の部分の領域

- $y<a$ は $y=a$ の直線より下の部分の領域

- $y=a$ の直線は領域の境界線になる

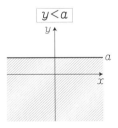

- $x>a$ は $x=a$ の直線より右の部分の領域

- $x<a$ は $x=a$ の直線より左の部分の領域

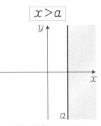

- $x=a$ の直線が領域の境界線になる

181

- $y = ax + b$（aが正の数）は、y軸上のbを通り、傾きa（右上がり）の直線になる

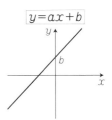

- $y = -ax + b$（$-a$が負の数）は、y軸上のbを通り、傾き$-a$（右下がり）の直線になる

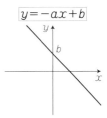

- $y > ax + b$は$y = ax + b$の直線より上の部分
- $y < ax + b$は$y = ax + b$の直線より下の部分

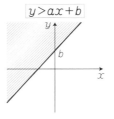

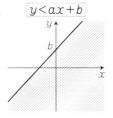

- $y > -ax + b$は$y = -ax + b$の直線より上の部分
- $y < -ax + b$は$y = -ax + b$の直線より下の部分

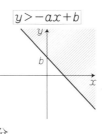

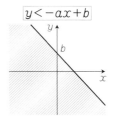

[例題 1] 　つぎの 5 つの式によって示される直線は図のように平面
を12の領域に分ける。

ペーパーテスティング

$$\begin{cases} x = 0 \,(y軸) \\ y = 0 \,(x軸) \\ x = 2 \\ y = x + 2 \\ y = -2x - 4 \end{cases}$$

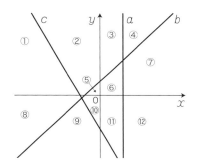

第2章

非言語能力問題

上のグラフで、つぎの不等式が同時に成り立つ領域は、どれか。

ア　$x < 2$
イ　$y < x + 2$
ウ　$y > -2x - 4$

A. ①、⑧、⑨　　　　B. ②、③、④　　　C. ⑤、⑥、⑩、⑪
D. ⑦、⑫　　　　　E. ⑥、⑦、⑪、⑫

ア　$x < 2$　の領域は、$x = 2$（図中のa）の直線の左側。

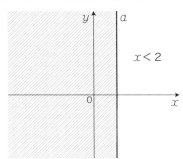

$x < 2$

183

イ $y < x + 2$ の領域は、$y = x + 2$ (図中の b) の直線の下側。

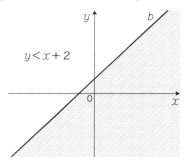

ウ $y > -2x - 4$ の領域は、$y = -2x - 4$ (図中の c) の直線の上側。

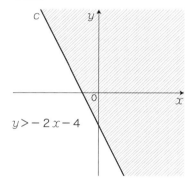

3つの領域が重なるのは以下の通り、⑤、⑥、⑩、⑪の部分。

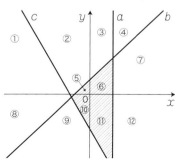

よって正解は、**C**

(1) 果物の詰め合わせをつくるにあたり、つぎの条件を決めた。

条件 ①　梨は5個以上にする。
条件 ②　柿は4個以上にする。
条件 ③　梨は14個以下にする。
条件 ④　柿は12個以下にする。
条件 ⑤　梨と柿合わせて20個以
　　　　下にする。

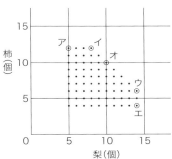

　上の条件を満たす領域は、梨の個数を横軸にとり、柿の個数を縦軸にとって上図のように図示できる。

❶ 点イと点ウを通る直線で表される境界は、上のどの条件によるものか。
　　A．条件①　　　　B．条件②　　　C．条件③
　　D．条件④　　　　E．条件⑤

❷ 梨1個180円、柿1個150円のとき、詰め合わせの値段が3300円以上になる点はどれか。
　　A．イとオ　　　　B．ウとエ　　　C．ウとオ
　　D．エとオ　　　　E．ウとエとオ

❸ ここで「条件⑥　両方で15個以上とする」という条件が加わると、条件①〜⑥を満たす点の集合は、およそつぎのどの形になるか。

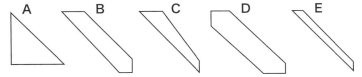

(1) ❶ E　❷ C　❸ D

❶ 梨の個数を x 個、柿の個数を y 個として、各条件を不等式で表す。

条件① $x \geq 5$　　　条件② $y \geq 4$　　　条件③ $x \leq 14$

条件④ $y \leq 12$　　　条件⑤ $x + y \leq 20$ ➡ $y \leq -x + 20$

点イと点ウを通る直線は $y = -x + 20$ で表されるので、条件⑤が該当する。よって正解は、 E

別解　点イの座標は（8, 12）、点ウの座標は（14, 6）、
　　　どちらも $x + y = 20$ だから、「条件⑤ 梨と柿合わせて20個以
　　　下にする」が該当する。

❷ 点イ　$x = 8$、$y = 12$　だから、$180 \times 8 + 150 \times 12 = 3240$
　　点オ　$x = 10$、$y = 10$　だから、$180 \times 10 + 150 \times 10 = 3300$
　　点ウ　$x = 14$、$y = 6$　だから、$180 \times 14 + 150 \times 6 = 3420$
　　点エ　$x = 14$、$y = 4$　だから、$180 \times 14 + 150 \times 4 = 3120$

よって、3300円以上になるのは、 C．ウとオ

> 速解ポイント
> 個数が最も多いのは、点イと点ウを通る直線上で、イ、ウ、オ。
> その中でも合計額が最も大きいのは、値段の高い梨の個数が多いウ。
> ウは、イ、オより合計額は大きくなるので、オの合計額まで求めて
> 3300円以上とわかれば、ウの計算はしなくてもよい。

❸「両方で15個以上」という条件⑥を不等式にすると、

　　$x + y \geq 15$ ➡ $y \geq -x + 15$

この領域を表す直線を加えると、
右のグラフの図のようになる。
よって正解は、 D

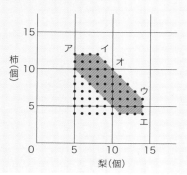

186

19 ブラックボックス

●ブラックボックス（装置）による変換の規則を把握する。
●ペーパーテスティングのみで出題される。

[例題]　1と0とで区別される入力信号を、つぎのような規則で変換して出力するα型、β型の2種類の装置がある。

（装置α型）入ってきた信号Xを逆の信号Yに変える。入力信号が1のときは0を出力する。

《例》

（装置β型）2つの入力信号がともに0のときは0を出力し、2つのうち少なくとも一方が1ならば1を出力する。

《例》

これらα、βの装置をつないで下図のような回路を作った。

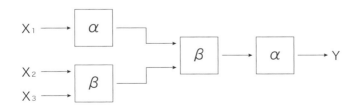

つぎの表に示したように、ア、イ、ウの3通りの信号の組み合わせを入れたとき、Yが1となるのはどの場合か。

	入力信号の組み合わせ		
	ア	イ	ウ
X₁	1	1	0
X₂	1	0	0
X₃	0	0	1

A. アだけ　　　　B. イだけ　　　　C. ウだけ

D. アとイの両方　　E. アとウの両方　　F. イとウの両方

G. ア、イ、ウのすべて

H. ア、イ、ウのいずれでもない

入出力信号をそれぞれ、ⓐ、ⓑ、ⓒとする。

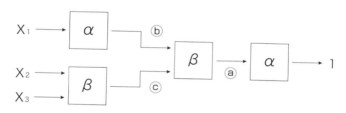

回路を逆にたどっていくと、

（ⅰ）Y＝1になるためには、ⓐが0でなければならない。

（ⅱ）ⓐが0になるためには、ⓑⓒがともに0でなければならない。

（ⅲ）ⓑが0になるためには、X₁＝1でなければならない。

（ⅳ）ⓒが0になるためには、$(X_2, X_3)=(0, 0)$でなければならない。

　以上より、Y＝1になるためには$(X_1, X_2, X_3)=(1, 0, 0)$

したがって正解は、B. イだけ

練 習 問 題　　　　　　　　　　　ペーパーテスティング

(1) -1、0、1を入力すると、つぎのような規則で変換して出
力する3種類の装置P、Q、Rがある。

〔装置P〕　入力された2つの数の和を出力する。

《例》

〔装置Q〕　入力された2つの数が異なれば-1、同じであれば0を
出力する。

《例》

〔装置R〕　入力された2つの数の積を出力する。

《例》

0 ⟶ 　R 　⟶ 0
1 ⟶

これらP、Q、Rの3種類の装置をつないで、下図のような回路
を作った。

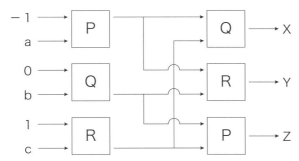

❶ この回路において、a、b、cのいずれにも0を入力した場合、X、Y、Zの値として正しいものはどれか。

A. X = 0 、 Y = 0 、 Z = 0
B. X = − 1 、 Y = 0 、 Z = 0
C. X = − 1 、 Y = 0 、 Z = 1
D. X = 0 、 Y = − 1 、 Z = 1
E. X = 0 、 Y = 1 、 Z = − 1
F. X = − 1 、 Y = 1 、 Z = 0

❷ この回路において、出力したX、Y、Zの和が−1になるa、b、cの組み合わせはどれか。

	a	b	c
ア	1	0	1
イ	0	− 1	0
ウ	0	1	− 1

A. アだけ
B. イだけ
C. ウだけ
D. アとイの両方
E. アとウの両方
F. イとウの両方
G. ア、イ、ウのすべて
H. ア、イ、ウのいずれでもない

THINKING...

練習問題の正解＆解説

(1) ❶ B ❷ F

❶ a、 b、 c のいずれにも0を入力すると、下記のようになる。

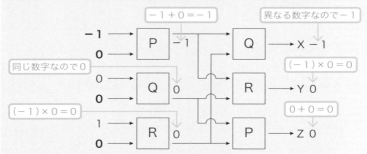

X＝－1、Y＝0、Z＝0　よって正解は、**B**

❷ ア　P : －1＋1＝**0**、Q : 0と0 ➡ **0**、R : 1×1＝**1**
　　　X　Q　0と1 ➡ **－1**
　　　Y　R　0×0＝**0**
　　　Z　P　0＋1＝**1**
　　　X＋Y＋Z＝－1＋0＋1＝0

　イ　P : －1＋0＝**－1**、Q : 0と－1 ➡ **－1**、R : 1×0＝**0**
　　　X　Q　－1と0 ➡ **－1**
　　　Y　R　（－1）×（－1）＝**1**
　　　Z　P　－1＋0＝**－1**
　　　X＋Y＋Z＝－1＋1＋（－1）＝－1

　ウ　P : －1＋0＝**－1**、Q : 0と1 ➡ **－1**、R : 1×－1＝**－1**
　　　X　Q　－1と－1 ➡ **0**
　　　Y　R　（－1）×（－1）＝**1**
　　　Z　P　－1＋（－1）＝**－2**
　　　X＋Y＋Z＝0＋1＋（－2）＝－1

よって、X、Y、Zの和が－1になるa、 b、 cの組み合わせは、
F．イとウ

20 物の流れと比率

●ペーパーテスティングのみで出題される。
●解き方の基本知識を覚えておこう。

物の流れと比率の基本知識

商品が、いくつかの製造業者からいくつかの中間業者を経て小売業者に納入される場合の物の流れを図に表す。

業者Pが扱う商品のうち、比率にしてmが業者Qに納入されるとき、これを図①のように表す。

図① $P \xrightarrow{m} Q$

業者Pと業者Qが扱う商品の量をそれぞれP、Qとすると、

$P = m Q$ が成り立つ。

同様に、業者Pが扱う商品のうち比率mと、業者Qが扱う商品のうち比率nが業者Rに納入されるとき、これを図②のように表す。

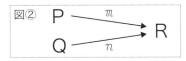

図② $P \xrightarrow{m} R$
$Q \xrightarrow{n}$

この場合、式は $R = m P + n Q$ となる。また、業者Pが扱う商品のうち比率mが業者Qを経由し、さらにそのうちの比率nが業者Rに納入されるとき、これを図③のように表す。

図③ $P \xrightarrow{m} Q \xrightarrow{n} R$

この場合、式は $R = n Q$ となる。

また、これは $R = n(m P) = m n P$ が成り立つ。

なお、式については一般の演算、たとえば、

$(a + b) P = a P + b P$ や $c(a + b) Q = a c Q + b c Q$

などが成り立つものとする。

[例題]　業者Ｐが扱う商品の量Ｐのうち比率にしてａと、業者Ｑが
　　　　扱う商品の量Ｑのうち比率ｂが業者Ｒに納入され、その量
　　　　の合計をＲと表す。さらに、そのうち比率ｃが業者Ｓに納
　　　　入されるとして下記のような図をつくった。

ペーパーテスティング

（１）Ｓを表す式はどれか。

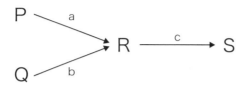

ア　Ｓ＝ｃＲ
イ　Ｓ＝ａＰ＋ｂＱ＋ｃＲ
ウ　Ｓ＝ａｃＰ＋ｂｃＱ

A. アだけ　　　　　　**B.** イだけ　　　　　　**C.** ウだけ
D. アとイの両方　　**E.** アとウの両方　　**F.** イとウの両方

（２）ａ＝0.3、ｂ＝0.2、ｃ＝0.4とした場合、業者ＰからＳに納入
された商品は、業者Ｐが扱う商品の何％か。

A. 6 ％　　　　　　**B.** 8 ％　　　　　　**C.** 12%
D. 15%　　　　　　**E.** 20%　　　　　　**F.** 24%

（１）下記の手順で解いていく。

Step 1 最終納入先であるＳの直前の矢印に着目する。

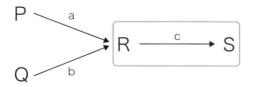

P.192の図①より、Ｓ＝ｃＲが成り立つ ⇒ アは正しい

Step 2 Rの前の矢印に着目する。

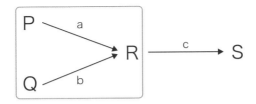

P.192の図②より、R＝aP＋bQが成り立つ。

この式を、Step 1 のS＝cRに代入すると、

S＝c（aP＋bQ）＝acP＋bcQが成り立つ ➡ **ウは正しい。**

Sを表す式は、**アとウの両方**なので、**正解はE**

（2）PからSへの流れを確認する。

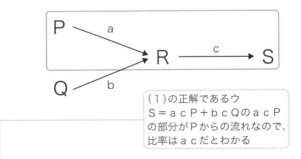

（1）の正解であるウ
S＝acP＋bcQのacP
の部分がPからの流れなので、
比率はacだとわかる

P→Rへの比率はa＝0.3、R→Sへの比率はc＝0.4

➡ 比率acは、0.3×0.4×100＝12％。よって正解は、**C**

CHECK!

（1）下の図1は、2つの業者P、Qが、中間業者R、Sを経由して、業者Tに商品を納入する流れを示したものである。P、Q、R、S、Tは、それぞれが扱う商品の量を、a、b、c、d、eは各業者から他の業者に納入する商品の比率を示している。

❶ 図1において、Tを表す式はどれか。

図1

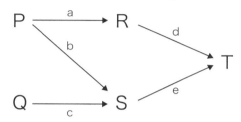

ア　$T = dR + cS$

イ　$T = adP + ceQ$

ウ　$T = (ad + be)P + ceQ$

A．アだけ　　　　　　　B．イだけ　　　　　　　C．ウだけ

D．アとイの両方　　　　E．アとウの両方　　　　F．イとウの両方

図1では、a ＝0.4、b ＝0.4、c ＝0.8、d ＝0.6、e ＝0.2である。

❷ この場合、QからTに納入されるのはQが扱う商品全体の何％か。

A．2 ％　　　　　B．10％　　　　　C．16％

D．24％　　　　　E．32％　　　　　F．46％

❸ PとQ が扱う商品の数量が同じだとすると、QからTに納入された商品の数量は、PからTに納入された商品の数量に対してどれだけにあたるか。

A．0.15　　　　　B．0.20　　　　　C．0.40

D．0.50　　　　　E．1.00　　　　　F．1.50

❶ C ❷ C ❸ D

❶ (1)の部分より、

T＝dR＋eS…① ➡ アは誤り

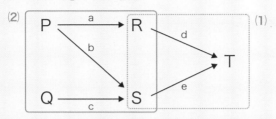

(2) P a R d T (1)

b

e

Q c S

(2)の部分より、R＝aP、S＝bP＋cQ

これを①の式に代入すると、

　T＝d（aP）＋e（bP＋cQ）

　T＝adP＋beP＋ceQ ➡ イは誤り

　T＝（ad＋be）P＋ceQ ➡ ウは正しい

よって正解は、**C．ウだけ**

❷ ❶より、Qの扱う商品のうちTに納入されるのは、ceQと表せ
るので、c＝0.8、e＝0.2を代入して、

　0.8×0.2＝0.16 ➡ **16%**

よって正解は、**C**

❸ ❶より、Pの扱う商品のうちTに納入されるのは、

（ad＋be）P

　a＝0.4、b＝0.4、d＝0.6、e＝0.2を代入して、

0.4×0.6＋0.4×0.2＝0.24＋0.08＝0.32

Qの扱う商品のうちTに納入されるのは、❷より0.16

P、Qそれぞれの商品の量が同じなので、比率だけで比較が可能。

　0.16：0.32＝0.16÷0.32＝**0.5**

よって正解は、**D**

比の値
$a:b ➡ a÷b＝\dfrac{a}{b}$
➡ P.59参照

21 決定条件の推論

- WEBテスティングだけで出題されている。《問》の解答を得る ために与えられた2つの情報ア、イのうちどれが必要かを問う。
- 解答を導くために必要な情報を判断するのであって、解答を 求めるのではない。
- 慣れておかないと、わざわざ解答を求めて時間を無駄にする おそれもあるので、ここで問題を解くコツをつかんでおこう。
- 出題分野は多岐にわたるので、ここまでの単元の総復習も兼 ねて取り組んでみよう。

[例題]　以下について、ア、イの情報のうち、どれがあれば《問》の 答えがわかるかを考え、AからEまでの中から正しいもの を1つ選び、答えなさい。　**WEBテスティング**

1個110円のリンゴと、1個60円のミカンを合わせて10個買っ た。どちらも必ず1個は買っている。

《問》代金はいくらか。

　　ア ミカンの個数はリンゴより少ない

　　イ ミカンの代金は200円以上である

- **A.** アだけでわかるが、イだけではわからない
- **B.** イだけでわかるが、アだけではわからない
- **C.** アとイの両方でわかるが、片方だけではわからない
- **D.** アだけでも、イだけでもわかる
- **E.** アとイの両方あってもわからない

Step1 ア、イ それぞれの情報を吟味する。

リンゴの個数を[リ]、ミカンの個数を[ミ]とおく。

ア ミカンの個数はリンゴより少ない。

　⇒ [リ]>[ミ]、[リ]+[ミ]=10(←合わせて10個買った)

考えられるリンゴとミカンの個数の組み合わせは、つぎの4通り。

リ	9	8	7	6
ミ	1	2	3	4

➡ これだけでは、代金はわからない。

イ ミカンの代金は200円以上である。

➡ 60×ミ≧200より、ミ≧3.3… ミは自然数だから、ミ≧4

考えられるリンゴとミカンの個数の組み合わせは、つぎの6通り。

リ	6	5	4	3	2	1
ミ	4	5	6	7	8	9

➡ これだけでは、代金はわからない。

Step 2 ア、イの両方の情報を合わせて吟味する。

アとイに共通する組み合わせは、リ=6、ミ=4だけなので、個数が決まる。

➡ それぞれの個数が判明すれば、代金もわかる(ただし、ここで代金を求める必要はない)。

➡ アとイの両方でわかるが、片方だけではわからない

よって正解は、C

判定の手順

Step 1 だけで正解がわかるパターン

● アだけでわかれば、正解はA。

● イだけでわかれば、正解はB。

● アだけでも、イだけでも、どちらか一方だけでもわかれば、正解はD。

＊上記のように、**Step 1** だけで正解は3通り考えられるので、ア、イとも必ず吟味する。

Step 2 まで進んで正解がわかるケース

● アとイの両方合わせてわかれば、正解はC。

● アとイの両方合わせてもわからなければ、正解はE。

　以下について、ア、イの情報のうち、どれがあれば《問》の答えがわかるかを考え、AからEまでの中から正しいものを1つ選び、答えなさい。

（1）正の整数Xがある。

　《問》Xは奇数、偶数どちらか。
　　　　ア　Xは7で割り切れる
　　　　イ　Xに7を加えると奇数になる

　A．アだけでわかるが、イだけではわからない
　B．イだけでわかるが、アだけではわからない
　C．アとイの両方でわかるが、片方だけではわからない
　D．アだけでも、イだけでもわかる
　E．アとイの両方あってもわからない

（2）P、Q、Rの3人が1回ずつサイコロを振ったところ、3人の出した目の合計は13だった。

　《問》Pが出した目はいくつか。
　　　　ア　Pが出した目は、Qが出した目の2倍だった
　　　　イ　Rが出した目は、Pが出した目より2小さかった

　A．アだけでわかるが、イだけではわからない
　B．イだけでわかるが、アだけではわからない
　C．アとイの両方でわかるが、片方だけではわからない
　D．アだけでも、イだけでもわかる
　E．アとイの両方あってもわからない

（3）ＸとＹの年齢差は12歳である。

《問》Ｘは何歳か。
　　　ア　現在のＸとＹの年齢の和は62である
　　　イ　3年後にＹの年齢はＸの年齢の0.7倍になる

Ａ．アだけでわかるが、イだけではわからない
Ｂ．イだけでわかるが、アだけではわからない
Ｃ．アとイの両方でわかるが、片方だけではわからない
Ｄ．アだけでも、イだけでもわかる
Ｅ．アとイの両方あってもわからない

（4）饅頭とどら焼きの詰め合わせがある。

《問》どら焼きは全部で何個入っているか。
　　　ア　饅頭の数は、どら焼きの数の1.5倍である
　　　イ　饅頭の数は、どら焼きの数より4個多い

Ａ．アだけでわかるが、イだけではわからない
Ｂ．イだけでわかるが、アだけではわからない
Ｃ．アとイの両方でわかるが、片方だけではわからない
Ｄ．アだけでも、イだけでもわかる
Ｅ．アとイの両方あってもわからない

（5）ある観光地の1日の来訪者は日本人と外国人合わせて720人
　　　だった。

《問》外国人は全体の何％か。
　　　ア　日本人は外国人の2倍だった
　　　イ　外国人は日本人より240人少なかった

A. アだけでわかるが、イだけではわからない

B. イだけでわかるが、アだけではわからない

C. アとイの両方でわかるが、片方だけではわからない

D. アだけでも、イだけでもわかる

E. アとイの両方あってもわからない

(6) X、Y、Zの3人が試験を受けた。

《問》Xの得点は何点か。

　　　ア　3人の平均点は69点だった

　　　イ　Xの得点は、Yの得点より22点高かった

A. アだけでわかるが、イだけではわからない

B. イだけでわかるが、アだけではわからない

C. アとイの両方でわかるが、片方だけではわからない

D. アだけでも、イだけでもわかる

E. アとイの両方あってもわからない

練習問題の正解&解説

(1) B

ア　Xは7で割り切れる。

　➡ 7で割り切れる数、すなわち7の倍数は、7、14、21、28…
　　と奇数と偶数が交互に出現するので、奇数とも偶数とも決まら
　　ない。

　➡ アだけではわからない。

イ　Xに7を加えると奇数になる。　◀──┐

　➡ X+7が奇数になるのであれば、
　　7は奇数だからXは偶数である。

　➡ イだけでわかる。

```
和の法則
奇数＋奇数＝偶数
偶数＋偶数＝偶数
奇数＋偶数＝奇数
```

よって正解は、**B. イだけでわかるが、アだけではわからない**

（2）A

ア　Pが出した目は、Qが出した目の2倍だった。

➡ Pは偶数になるので、6、4、2のいずれか。考えられるP、Q
　の出した目の組み合わせと、残りのRの出した目を表にする。

P	Q	R	計
6	3	4	13
4	2	×7	13
2	1	×10	13

> サイコロの目は6
> までなので、7以
> 上はありえない

➡ 考えられるのは、P＝6、Q＝3、R＝4　の組み合わせのみ。

➡ 1つに決まる。

イ　Rが出した目は、Pが出した目より2小さかった。

➡ PはRより2大きいので、Pの目は6、5、4、3のいずれか。
　考えられるP、Rの出した目の組み合わせと、残りのQの出した
　目を表にする。

P	Q	R	計
6	**3**	**4**	13
5	**5**	**3**	13
4	×7	2	13
3	×9	1	13

➡ 2通りの組み合わせが考えられるので、決まらない。

よって正解は、**A．アだけでわかるが、イだけではわからない**

（3）B

Xをx歳、Yをy歳とおくと、

　　$x-y=12$…①　または　$y-x=12$…②

> ここがポイント！
> どちらが年上か年下
> かがわかっていない

ア　現在のXとYの年齢の和は62である。

➡ 年齢の和だけでは、どちらが年上か、つまり①か②かわからない
　ので、アだけではわからない。

202

イ ３年後にＹの年齢はＸの年齢の0.7倍になる。

➡ ３年後でも年の差は変わらないので、「Ｙの年齢はＸの年齢の0.7」
であれば、Ｘのほうが年上であることがわかるため、①であることがわかる。また、式にすると、

$y+3=0.7(x+3)$ ➡ $0.7x-y=0.9$…③となり、①と③を連立方程式にして解けば、Ｘの年齢は判明する。

※実際に解いてみると（解く必要はないが…）、

①－③　　$x-y=12$

　　　$-)0.7x-y=0.9$

　　　　$0.3x$　　　$=11.1$ ➡ $x=37$、$y=25$

よって正解は、**B．イだけでわかるが、アだけではわからない**

（4）C

饅頭を x 個、どら焼きを y 個とおく。

> **ここがポイント！**
> 全部で何個あるかがわかっていない

ア 饅頭の数は、どら焼きの数の1.5倍である。

➡ 式にすると、$x=1.5y$…①。全部で何個あるかが不明なので、アだけではどちらの数も判明しない。

イ 饅頭の数は、どら焼きの数より４個多い。

➡ 式にすると、$x=y+4$…②。全部で何個あるかが不明なので、イだけではどちらの数も判明しない。

➡ アとイを合わせてみる。①と②で、連立方程式にして解くと y を求めることはできる。

※実際に解いてみると（解く必要はないが…）、

①に②を代入すると、$1.5y=y+4$ ➡ $0.5y=4$

➡ $y=8$、$x=12$

よって正解は、**C．アとイの両方でわかるが、片方だけではわからない**

（5）D

> **ここがポイント！**
> 日本人と外国人の数がわかればよい

日本人を x 人、外国人を y 人とおくと、$x+y=720$…①

ア 日本人は外国人の２倍だった。

➡ 式にすると、$x = 2y \cdots$②。①と②で、連立方程式にして解くと、yを求めることはできるので、割合も求められる。

➡ アだけでわかる。

イ 外国人は日本人より240人少なかった。

➡ 式にすると、$y = x - 240 \cdots$③。①と③で、連立方程式にして解くと、yを求めることはできるので、割合も求められる。

➡ イだけでわかる。

よって正解は、D．アだけでも、イだけでもわかる

（6）E

Xの得点をx、Yの得点をy、Zの得点をzとおく。

ア 3人の平均点は69点だった。

➡ 式にすると、$x + y + z = 69 \times 3 = 207 \cdots$①。

➡ 合計点はわかるが、各人の点数はわからない。

➡ アだけではわからない。

イ Xの得点は、Yの得点より22点高かった。

➡ 式にすると、$x = y + 22 \cdots$②

➡ Xのほうが Y より22点が高いことがわかっても、得点まではわからない。

➡ イだけではわからない。

➡ アとイを合わせてみる。zが不明なので、①に②を代入しても、xの値を求めることはできない。

よって正解は、E．アとイの両方あってもわからない

CHECK!

204

第3章

言語能力問題

● WEBテスティングでは、二字熟語の２つの漢字の関係を問う
問題が出題される。

[例題]　つぎの５つの熟語の成り立ちとして当てはまるものをＡか
　　　　らＤまでの中から１つずつ選びなさい。

（１）正邪　〔　　　　〕
（２）暫定　〔　　　　〕
（３）聴講　〔　　　　〕
（４）忌避　〔　　　　〕
（５）日没　〔　　　　〕

　　Ａ．似た意味の漢字を重ねる
　　Ｂ．反対の意味をもつ漢字を重ねる
　　Ｃ．前の漢字が後の漢字を修飾する
　　Ｄ．Ａ〜Ｃのどれにも当てはまらない

　選択肢は、つぎの５つの中から３つ。
「似た意味の漢字を重ねる」
「反対の意味をもつ漢字を重ねる」
「主語と述語の関係にある」
「動詞の後に目的語をおく」
「前の漢字が後の漢字を修飾する」
　加えて、「どれにも当てはまらない」の１つ、合わせて４つの選
択肢がある。問題は熟語５つが１セットになって、同じ選択肢から
１つ正解を選ぶ形式で３セット出題されるが、選択肢の組み合わせ
はセットごとにそれぞれ異なるので注意が必要となる。

（1）

正邪（せいじゃ）

　「正」は「正しい」、「邪」は「よこしまな、悪い」の意。

　➡ 反対の意味をもつ漢字を重ねた熟語。

よって正解は、B

（2）

暫定（ざんてい）

　「暫」は「しばらく、一時的」、「定」は「定（さだ）める、きまり」。

　➡ 一時的に定めるという意味で、前の漢字が後ろの漢字を修飾する熟語。

よって正解は、C

（3）

聴講（ちょうこう）……講義を聴くこと。

　「聴」は「聴く、理解しようと耳を傾ける」の意。

　➡ 動詞の後に目的語をおいた熟語。この選択肢はないので、A〜Cのどれにも当てはまらないにあたる。

よって正解は、D

（4）

忌避（きひ）……嫌って避けること。

　「忌」は「忌む、きらう」、「避」は「避ける」の意。

　➡ 似た意味の漢字を重ねた熟語。

よって正解は、A

（5）

日没（にちぼつ）……太陽が沈むこと。

　「日」は「太陽」、「没」は「没する、しずむ」。

　➡ 主語と述語の関係にある熟語。この選択肢はないので、A〜Cのどれにも当てはまらないにあたる。

よって正解は、D

つぎの5つの熟語の成り立ちとして当てはまるものをAからDまでの中から1つずつ選びなさい。

(1)

❶ 濫用 〔　　　〕

❷ 安穏 〔　　　〕

❸ 炊飯 〔　　　〕

❹ 免税 〔　　　〕

❺ 存亡 〔　　　〕

　A．前の漢字が後の漢字を修飾する

　B．反対の意味をもつ漢字を重ねる

　C．動詞の後に目的語をおく

　D．A～Cのどれにも当てはまらない

(2)

❶ 終了 〔　　　〕

❷ 芳香 〔　　　〕

❸ 養鶏 〔　　　〕

❹ 市営 〔　　　〕

❺ 功罪 〔　　　〕

　A．主語と述語の関係にある

　B．反対の意味をもつ漢字を重ねる

　C．似た意味の漢字を重ねる

　D．A～Cのどれにも当てはまらない

練習問題の正解＆解説

（1）

❶ A．前の漢字が後の漢字を修飾する

「濫」は「むやみに」、「用」は「もちいる」➡「むやみに用いる」。

❷ D．A〜Cのどれにも当てはまらない

「安」は「安らか」、「穏」は「穏やか」➡「安らかで穏やかなこと」。

似た意味の漢字を重ねた熟語だから、選択肢にはない。

❸ C．動詞の後に目的語をおく

「炊」は「炊く」、「飯」は「めし、米」➡「飯を炊く」。

❹ C．動詞の後に目的語をおく

「免」は「免除する」、税は「税金」➡「税金を免除する」。

❺ B．反対の意味をもつ漢字を重ねる

「存」は「存在する、ある」、「亡」は「亡くなる、滅亡する」➡「あることとないこと、存在することと滅亡すること」

（2）

❶ C．似た意味の漢字を重ねる

「終」は「終わる」、「了」は「終わる、済む」。

❷ D．A〜Cのどれにも当てはまらない

「芳」は「芳しい、よい」、「香」は「香り」➡「よい香り」。

前の漢字が後の漢字を修飾する熟語だから、A〜Cにはない。

❸ D．A〜Cのどれにも当てはまらない

「養」は「養う」、「鶏」は「ニワトリ」➡「ニワトリを養う」。

動詞の後に目的語をおく熟語だから、A〜Cにはない。

❹ A．主語と述語の関係にある

「市」が「営む」。

❺ B．反対の意味をもつ漢字を重ねる

「功」は「手柄、良い点」、「罪」は「過ち、悪い点」➡「手柄と罪」「良い点と悪い点」。

● ペーパーテスティング、テストセンターで頻出の分野。
● 必ず左の言葉から右の言葉につないで考え、左右を逆にしないこと。

[例題1] 最初に提示された二語の関係を考え、同じ関係になるよう（　　　）に当てはまる言葉を選びなさい。

球技：サッカー

野菜：（　　　）　　A．植物
　　　　　　　　　　B．果実
　　　　　　　　　　C．白菜
　　　　　　　　　　D．葉っぱ
　　　　　　　　　　E．樹木

　球技とサッカーの関係を考えると、「球技の一種にサッカーがある」という関係になっている。「左は右を含む」「右は左に含まれる」という内包の関係(包含関係)である。

　したがって、「野菜の一種に○○がある」という文が成立するものを選ぶ。つまり、野菜の種類を選べばよいので、「白菜」が該当する。

よって正解は、C．白菜

[例題2]　最初に提示された二語の関係と同じ関係のものをAから
　　　　Fまでの中から選びなさい。

鉛筆：ボールペン

　ア　能：狂言
　イ　石油：燃料
　ウ　味噌：醤油

A．アだけ　　　　　　B．イだけ　　　　　　C．ウだけ
D．アとイの両方　　　E．アとウの両方　　　F．イとウの両方

　鉛筆とボールペンの関係を考えると、「鉛筆もボールペンも筆記
具の一種である」という、同列(同類)関係が成り立つ。
　選択肢それぞれが「右も左も○○の一種である」という関係が成
り立つかどうか確認すると、
ア「能も狂言も○○の一種である」は成立する。○○は「古典芸能」
　などが入る。
イ「石油も燃料も○○の一種である」は成立しない。「石油は燃料
　の一種である」の内包関係である。
ウ「味噌も醤油も○○の一種である」は成立する。○○は「調味料」
　が入る。
　したがって、アとウが同じ関係になる。

　　　　　　　　　　　　　　よって正解は、E．アとウの両方

THINKING...

(1) 最初に提示された二語の関係を考え、同じ関係になるよう
　　（　　　）に当てはまる言葉を選びなさい。

医師：治療
記者：（　　　）　　A．放送
　　　　　　　　　　B．取材
　　　　　　　　　　C．速記
　　　　　　　　　　D．テレビ
　　　　　　　　　　E．新聞記者

(2) 最初に提示された二語の関係と同じ関係のものをAからFま
　　での中から選びなさい。

❶ 自動車：ハンドル
　　ア のし袋：水引
　　イ 書物：表紙
　　ウ 短針：時計

　　A．アだけ　　　　B．イだけ　　　　C．ウだけ
　　D．アとイの両方　E．アとウの両方　F．イとウの両方

❷ 可決：否決
　　ア 率先：服従
　　イ 機敏：鈍重
　　ウ 凝視：一瞥

　　A．アだけ　　　　B．イだけ　　　　C．ウだけ
　　D．アとイの両方　E．アとウの両方　F．イとウの両方

練習問題の正解＆解説

（1）B

「〈医師〉の仕事は〈治療〉すること」の関係。したがって「〈記者〉の仕事を選ぶ。「〈記者〉の仕事は〈取材〉すること」。

よって正解は、B

（2）

❶ D．アとイの両方

「〈自動車〉の一部に〈ハンドル〉がある」の関係。同じ関係は、ア「〈のし袋〉の一部に〈水引〉がある」とイ「〈書物〉の一部に〈表紙〉がある」。ウは左右が逆なので、該当しない。

❷ F．イとウの両方

「〈可決〉の反対は〈否決〉」の関係。したがって、反対語になっているものを選ぶ。

イ「〈機敏〉の反対は〈鈍重〉」。ウ「〈凝視〉の反対は〈一瞥〉」。

アは〈率先〉の反対は〈追随〉、〈服従〉の反対は〈支配〉または〈反抗〉なので該当しない。

反対語は要注意！

二語関係の中でも最も間違えやすいのは、反対語の関係。できる限り覚えておこう！

過度	⇔	適度	精算	⇔	概算	顕在	⇔	潜在
漠然	⇔	判然	順境	⇔	逆境	相対的	⇔	絶対的
複雑	⇔	単純	添加	⇔	削除	分割	⇔	統合
概略	⇔	詳細	移動	⇔	固定	混乱	⇔	秩序
貫徹	⇔	挫折	空虚	⇔	充実	虚構	⇔	事実
例外	⇔	原則	緊張	⇔	弛緩	架空	⇔	実在
明瞭	⇔	曖昧	精密	⇔	粗雑	真実	⇔	虚偽
実質	⇔	名目	内容	⇔	形式	現実	⇔	理想
幼稚	⇔	老練	謙虚	⇔	高慢	寡黙	⇔	饒舌
根幹	⇔	枝葉	簡潔	⇔	冗漫／冗長			

二語関係のパターンのまとめ

A:Bの関係	例	文章化
1．包含（内包）	❶ 燃料：石炭 「燃料は石炭を含む」	AはBを含む Aの一つにBがある
	❷ 卓球：球技 「卓球は球技に含まれる」	AはBに含まれる AはBの一つである
注意：左右（A／B）の順番に気を付けよう！ 　　　A／Bの順番を勝手に入れ替えることはできない		
2．同列（同類）	俳句：短歌 「俳句も短歌も韻文の一種」	AもBも□□の一種 AとBは□□の仲間
3．反対	中枢：末端 「中枢の反対は末端」	Aの反対はB AとBは反対の関係
4．同義	ワイン：葡萄酒 「葡萄酒はワインともいう」	AとBは同じ意味 AはBともいう
5．一部分	蜂：はね 「蜂の一部にはねがある」	Aの一部にBがある BはAの一部分である
6．用途・機能	石けん：洗浄 「石けんは洗浄のために使う」	AはBのために使う Aの用途・機能はB
7．仕事・職務	作家：執筆 「作家の仕事は執筆である」	AはBを仕事にする Aの仕事はBである

8．場所・職場	教育：学校 「教育は学校で行われる」	AはBで行われる Aが行われるのはBだ
	司書：図書館 「司書は図書館に勤務する」	AはBに勤務する Aの職場はBである
9．原料・製品	紙：パルプ 「紙の原料はパルプである」	Aの原料はBだ AはBから作られる
10．一対	弓：矢 「弓と矢は一対で使う」	AとBは一対で使う AはBと同時に使う
11．その他	傘：雨 「傘は雨のときに使う」	AはBのときに使う
	機械：操作 「機械を操作する」	AをBする Aに働きかけることをBという
	飼育：動物 「動物を飼育する」	BをAする Bに働きかけることをAという
	力士：角界 「力士は角界に所属する」	AはBに所属する Aの社会をBという
	さまざまな二語関係があるので、例示された二語の関係を自然な短文に仕上げて、同様の文章にできる語を選ぼう！	

215

03 語句の用法

- ●ペーパーテスティング、テストセンターで頻出の分野。
- ●言い換えて判断し、言い換えができない場合はその言葉の用法を考える。

[例題] 最初の太字で示された言葉の下線部と最も意味や用法の近いものを1つ選びなさい。

ペーパーテスティング&テストセンター

（1）**わが社の将来は明るい。**
- A．明るい日差し。
- B．明るい家庭を築く。
- C．法律に明るい。
- D．明るい政治が望まれる。
- E．明るい老後には程遠い。

（2）**手ぶらでいらしてください。**
- A．飛行機で帰省する。
- B．交通事故で入院する。
- C．42歳で社長になる。
- D．笑顔で挨拶をする。
- E．明日で大会は閉幕する。

解き方のポイント！

　下線部を別の表現で言い換えてみる。
　選択肢の下線部にそれを代入して、自然な意味になるかどうかで判断する。

（1）

将来は<u>明るい</u>…楽観できる（状態である）。

A. 「楽観できる」日差し ⇒ 不自然

「<u>明るい</u>日差し」を言い換えると「光が十分にあり、物がよく見える日差し」。

B. 「楽観できる」家庭 ⇒ 不自然

「<u>明るい</u>家庭」を言い換えると「朗らかな、陽気な家庭」。

C. 法律に「楽観できる」⇒ 不自然

「法律に<u>明るい</u>」を言い換えると「法律の分野によく通じている」。

D. 「楽観できる」政治 ⇒ 不自然

「<u>明るい</u>」政治を言い換えると「やましいところがなく、公明な政治」。

E. 「楽観できる」老後 ⇒ 自然

よって正解は、**E**

（2）

手ぶら<u>で</u>…「〜の状態で」

A. 飛行機「の状態で」⇒ 不自然

「飛行機<u>で</u>」を言い換えると「飛行機を<u>利用して</u>」（手段・方法）。

B. 交通事故「の状態で」⇒ 不自然

「<u>交通事故で</u>」を言い換えると「交通事故が<u>原因で</u>」（原因・理由）。

C. 42歳「の状態で」⇒ 不自然

「42歳<u>で</u>」を言い換えると「42歳<u>のときに</u>」（時期）。

D. 笑顔「の状態で」⇒ 自然

E. 明日「の状態で」⇒ 不自然

「明日<u>で</u>」を言い換えると「明日<u>を期限に</u>」（期限・範囲）。

よって正解は、**D**

　最初の太字で示された言葉の下線部と最も意味や用法の近いもの
を１つ選びなさい。

（１）口が過ぎたことを悔やむ。

　A．列車は名古屋駅を過ぎた。
　B．いたずらが過ぎた。
　C．夏休みがあっけなく過ぎた。
　D．予定の時間が過ぎたが終わらない。
　E．彼には過ぎた妻だ。

（２）契約が取れて顔が立った。

　A．我が物顔でふるまう。
　B．この業界では顔がきく。
　C．歴代ＯＢの顔ぶれが揃う。
　D．上司の顔に泥を塗る。
　E．彼は将棋界の顔だ。

（３）いま仕上がったばかりです。

　A．お菓子ばかり食べている。
　B．油断したばかりに失敗した。
　C．新築したばかりの家が被災した。
　D．いまにも泣き出さんばかりの顔だ。
　E．一万円ばかり貸してくれないか。

（1）B

「口が過ぎる」は「言うのを控えるべきことまで言う。言いすぎる」。
この「過ぎる」は「普通の程度・水準を超えている」の意。言い換え
るなら「言い過ぎた」。

→ B．「いたずらが程度を超えた」。

A．ある場所を通り越す。通過する。「名古屋駅を通過した」。

C．時が移り、その時間・時期が終わる。「夏休みが終わった」。

D．時間が経過する。「予定の時間が経過した」。

E．つり合わないほどすぐれている。「つり合わないほどすぐれた
妻」。

（2）D

「顔が立つ」を言い換えれば「面目」が立つ。

→ D．「顔に泥を塗る」は「面目」をつぶすの意味。

A．「我が物顔」の「顔」は「気持ちが表れた表情や態度」。

B．「顔がきく」の「顔」は「知名度」の意味。

C．「顔ぶれ」の「顔」は「成員、メンバー」。

E．「将棋界の顔」の「顔」は「代表的人物」の意味。

（3）C

「仕上がったばかり」の「ばかり」は動作が完了してまもない状態に
ある意を表す。言い換えれば「してすぐ、直後」。

→ C．「新築してすぐに」。

A．範囲を限定する意を表す。「お菓子だけ」。

B．原因を表す。「油断したために」。

D．ある動作がいまにも行われようとする状態を表す。「いまにも
泣き出しそうな」。

E．おおよその程度・分量を表す。「一万円ほど、くらい」。

●ペーパーテスティングとテストセンターで頻出の項目。
●正確に言葉の意味を把握する。
●説明から漢字や例文を思い起こそう。
●語彙力の強化は、日頃の読書から。

[例題]　つぎに示した言葉と意味が最も合致するものをAからEまでの中から1つ選びなさい。

ペーパーテスティング&テストセンター

（1）無駄を省いて節約すること

A．概略　　　　　　B．質素　　　　　C．倹約
D．抑制　　　　　　E．簡略

（2）味方に引き入れる

A．かわいがる　　　B．手なずける　　C．心がける
D．ひいきにする　　E．ことよせる

　語句の意味の問題は、語句の意味を正確に把握しているかどうかで決まる。語彙力に自信のない人は、しっかり準備しておこう。
　問題を解くうえでは、選択肢には似た意味の語句が並ぶので、慌てずにしっかり吟味して最適な選択肢を選ぶようにしよう。

（1）選択肢の意味を吟味する。反対語を考えると、より明確になることもある。

A．概略…おおよその内容。反対語➡ 詳細
B．質素…飾りけがないこと。質朴なこと。反対語➡ 贅沢、華美
C．倹約…無駄を省いて出費を少なくすること。反対語➡ 浪費

D．抑制…おさえつけること。反対語➡ 促進
E．簡略…手軽で簡単なこと。反対語➡ 詳細

よって正解は、C

（2）用例を考えて判断する方法もある。

A．「猫を『かわいがる』」…愛する。
B．「妹を『手なずけて』、親を説得した」
　　＝「妹を『味方にして』、親を説得した」
C．「いつも早起きを『心がけている』」…注意して努力している。
D．「そこの蕎麦屋を『ひいきにする』」…気にいった者に力添えを
　　して援助する
E．「仕事に『ことよせて』彼女に会う」…口実にする。かこつける。

よって正解は、B

練 習 問 題　　　　ペーパーテスティング＆テストセンター

つぎに示した言葉と意味が最も合致するものをAからEまでの中
から１つ選びなさい。

（1）後に証拠となることば
　　A．格言　　　　　B．失言　　　　C．過言
　　D．言質　　　　　E．含蓄

（2）むだな骨折り
　　A．疲弊　　　　　B．徒労　　　　C．挫折
　　D．駄作　　　　　E．理不尽

（3）差しさわりがあると感じて遠慮すること
　　A．へりくだる　　B．かしこまる　　C．あまんずる
　　D．ゆだねる　　　E．はばかる

第3章　言語能力問題

（1）D

A．格言（かくげん）…人生の真実や機微を述べ、万人への教訓となる
　　ような、簡潔な言葉。

B．失言（しつげん）…言うべきではないことを、うっかり言ってしま
　　うこと。

C．過言（かごん）…言いすぎ。

D．言質（げんち）…のちの証拠となる言葉。

E．含蓄（がんちく）…言葉などの、表面に現れない深い意味・内容。

（2）B

A．疲弊（ひへい）…疲れて弱ること。経済的に窮乏すること。

B．徒労（とろう）…「徒」は「いたずらに（＝むだに）」の意味。

C．挫折（ざせつ）…途中でくじけること。

D．駄作（ださく）…出来が悪くてつまらない作品。

E．理不尽（りふじん）…道理に合わないこと。

（3）E

A．へりくだる（謙る、遜る）…自分を卑下する。謙遜する。

B．かしこまる（畏まる）…上の者に対しておそれ敬う気持ちを態度に
　　表す。

C．あまんずる（甘んずる）…与えられたものを仕方なく受け入れる。

D．ゆだねる（委ねる）…人に任せる。

E．はばかる（憚る）…差しさわりがある。遠慮する。

CHECK!

注意しておきたい語句の意味

語句	よみ	意味
居丈高	いたけだか	人に対して威圧的な態度をとるさま。
一笑	いっしょう	笑うべきものとして問題にしないこと。少し笑うこと。
逸話	いつわ	その人についてのあまり世間に知られていない話。
いみじくも	―	誠にうまく。まさに。適切に。
因循	いんじゅん	古い習慣を改めようとしないこと。思い切りが悪いこと。
乖離	かいり	離れ離れになること。背き、離れること。
瓦解	がかい	一部の崩れから全体が崩れること。
角逐	かくちく	互いに競争すること。
仮託	かたく	他のものにかこつけること。
割愛	かつあい	惜しいと思うものを手放したり、省略したりすること。
闊達	かったつ	度量が広く、こだわりがないこと。
過分	かぶん	程度や限度を超えたさま。
かまける	―	あることに気を取られて、他のことをなおざりにする。
涵養	かんよう	徐々に養い育てること。
矩形	くけい	長方形。
言質	げんち	後で証拠になる約束の言葉。
喧伝	けんでん	世間に言いはやし、伝えること。
拘泥	こうでい	こだわること。
姑息	こそく	一時の間に合わせ。その場逃れ。
糊塗	こと	一時しのぎにごまかすこと。
さもしい	―	心が汚く、卑しいこと。
斯界	しかい	その道の専門の社会。この社会。この道。この方面。
失笑	しっしょう	おかしさをこらえることができずに、ふき出すこと。
出色	しゅっしょく	他より際立って優れていること。
冗漫	じょうまん	表現や構成に無駄が多く、しまりがないこと。
折衷	せっちゅう	取捨して程よく調和させること。
漸進	ぜんしん	順を追って段々に進むこと。少しずつ進歩すること。
相殺	そうさい	差し引いて損得なしにすること。帳消しにすること。
忖度	そんたく	他人の心中を推し量ること。
たゆたう	―	ゆらゆら揺れる。心を決めかねる。
陶冶	とうや	生まれつきの性質や能力を発達させる。
敷衍	ふえん	意味を押し広げて説明すること。
腐心	ふしん	ある事を成し遂げようと、心をくだくこと。

● 定型の表現や慣用句を覚えておく。

● わからない場合は、選択肢の語句をひとつずつ当てはめていく。

[例題]　つぎの文中の空欄に入れる語句として最も適切なものをA
　　　　からEまでの中から1つ選びなさい。　　**テストセンター**

（1）その工業都市は日本経済の ☐ を担っている。

　　A．一旦　　　B．一存　　　C．一翼
　　D．一面　　　E．一環

（2）周囲への ☐ に欠ける行動を非難する。

　　A．思慮　　　B．考慮　　　C．遠慮
　　D．顧慮　　　E．配慮

（1）A「一旦」はひとたび。一度。B「一存」は自分ひとりの考え。
　　C「一翼」は全体の中での1つの役割。「一翼を担う」は「1
　　つの役割を受け持つ」という慣用句。D「一面」は物事のあ
　　る1つの側面。E「一環」は互いに密接な関係があるものの
　　一部分。よって正解は、C

（2）A「思慮」は注意深く考えること。「思慮に欠ける」は「よく
　　考えず軽率だ」という慣用句。B「考慮」は考えを巡らすこと。
　　C「遠慮」は遠い先まで考えること。言動を控えめにすること。
　　差し控えること。D「顧慮」は気に掛けること。E「配慮」
　　は心を配ること。「配慮に欠ける」は「周囲や相手への心配りを
　　せずに迷惑をかけること」という慣用句。よって正解は、E

つぎの文中の空欄に入れる語句として最も適切なものをAからE
までの中から1つ選びなさい。

（1）決定に対して審議会に [＿＿＿] の申し立てを行う。

   A. 異論　　　**B**. 反論　　　**C**. 議論
   D. 異議　　　**E**. 異存

（2）会議の結論を [＿＿＿] 報告する。

   A. つぶさに　**B**. ゆうに　　**C**. むげに
   D. とみに　　**E**. そぞろに

（3）このままでは倒産するのは [＿＿＿] だ。

   A. 必須　　　**B**. 必至　　　**C**. 必要
   D. 必死　　　**E**. 必達

（4）[＿＿＿] ほど美しい洗練されたデザイン。

   A. 心安い　　**B**. 心許ない　**C**. 心憎い
   D. 心ない　　**E**. 心にもない

（5）ことの経緯を細大 [＿＿＿] 報告する。

   A. もらさず　**B**. とわず　　**C**. とらわれず
   D. おかず　　**E**. かかわらず

（1）D

「申し立てを行う」のはD「異議」。A「異論」は他とは異なる議論・意見。B「反論」は相手の議論に言い返すこと。その議論。C「議論」は意見を戦わせること。その内容。E「異存」は他人とは異なる考え。反対の意見。

（2）A

A「つぶさに」は詳しく。すべてもれなく。B「ゆうに」は余裕をもって。楽々と。C「むげに」は冷淡に。そっけなく。D「とみに」は急に。E「そぞろに」はなんとなく。そわそわして。

（3）B

A「必須」は不可欠な。B「必至」は避けられない。必ずそうなる。C「必要」は欠くことができないこと。D「必死」は死に物狂い。生きる望みがないこと。E「必達」は必ず達成する。

（4）C

A「心安い」は気楽な。親しみやすい。B「心許ない」は頼りなく安心できない。C「心憎い」は憎らしいほどに優れている。D「心ない」は思慮や思いやりがない。E「心にもない」は本心ではない。

（5）A

「細大もらさず」は「細かいことも大きなこともすべて漏らすことなく」という慣用句。B「とわず」、C「とらわれず」E「かかわらず」も「〜に関係なく（すべて）」という用法がある。D「おかず」には「昼夜をおかず（昼も夜も区別せずに、絶えず）」という用法がある。

06 空欄補充－語句

● テストセンターやWEBテスティングで出題される。
● 語句の関連性に注目して判断する。

[例題1]　つぎの文の空欄に入れるのに最も適切なものはどれか。
　　　　　AからFまでの中から1つ選びなさい。

テストセンター＆WEBテスティング

　残酷な罪を犯した人の顔は恐ろしく見えるが、その人が冤罪だったとわかると、平凡な顔に見える。過去に何をしたかを知っていると、その人の顔の中に過去の行為の▢▢▢▢を見つけようとするのである。

A．原因　　　　B．輪郭　　　　C．価値
D．痕跡　　　　E．意味　　　　F．深層

- -

　「残酷な罪を犯した ➡ 恐ろしい顔に見える」「冤罪だった ➡ 平凡な顔に見える」ということは、過去の行為の影響はその後も顔に残っていると考えているということ。「過去の影響が残っている」という意味に一番近いのは「過去にあることがあったことを示す跡」という意味の 痕跡 。よって正解は、D

THINKING...

[例題2]　つぎの文の空欄①、②に入れるものとして適切な語句の
　　　　　組み合わせをAからFまでの中から1つ選びなさい。

テストセンター

　鎖国時代、日本では狭い土地と乏しい資源を効率的循環的に使用
し、　①　の廃棄物しか出さなかった。そのため日本の農業は開国
後来日した外国人に清潔で整頓された庭のような印象を与え、
　②　のようだと言われた。

A．①最小限　②工作　　　B．①最大限　②栽培
C．①最小限　②園芸　　　D．①最大限　②工作
E．①最小限　②栽培　　　F．①最大限　②園芸

①「効率的循環的に使用」すれば廃棄物は 最小限 になる。
②「庭のよう」だったのだから 園芸 。

よって正解は、C

[例題3]　文中のア～ウの空欄に入れる語として最も適切なものを
　　　　　AからCまでの中から1つ選びなさい。ただし、それぞ
　　　　　れの語は1か所のみで用いるものとする。

WEBテスティング

　文化を社会的手段による　ア　の伝達であると定義するならば、
動物にも文化はある。動物は言語を持っていないかもしれないが、
動物でも、子どもは大人から技術、身振り、　イ　などを学ぶ。そ
の結果、　ウ　の仕方が集団ごとに異なってくる。

A．習慣　　　B．行動　　　C．情報

　アの「伝達」に最も親和性のある語句は 情報 だが、習慣 もあり
うる。イ「などを学ぶ」につながるのは 習慣 か 行動 。ウ「の仕方」

につながる自然な表現は 行動 だけなので、イが 習慣 に決まり、ア
は 情報 に決まる。

よって正解は、ア C　イ A　ウ B

練習問題

(1)テストセンター＆ＷＥＢテスティング
(2)テストセンター　(3)ＷＥＢテスティング

(1) つぎの文の空欄に入れるのに最も適切なものはどれか。Aか
らFまでの中から1つ選びなさい。

現在作られている映画の75％、音楽の90％はヒットさせようと
して、あからさまに言えば、お金に変えるために創作されたという
意味で □□□□ 芸術である。

A. 応用　　　**B.** 純粋　　　**C.** 大衆
D. 抽象　　　**E.** 総合　　　**F.** 商業

(2) つぎの文の空欄①、②に入れるものとして適切な語句の組み
合わせをAからFまでの中から1つ選びなさい。

1950年代、アメリカは空前の繁栄の時期を迎えた。上流階級は
さらに豊かになり、中産階級の数も大きく増えた。しかし、下層階
級の問題─貧困、病気、飢え─は □①□ された。そもそも貧困や人
種差別はない、□②□、あるとしてもそれは個人の責任であるとみ
なされた。

A. ①改善　②けれども　　　**B.** ①無視　②あるいは
C. ①改善　②すなわち　　　**D.** ①無視　②けれども
E. ①改善　②あるいは　　　**F.** ①無視　②すなわち

229

（3）文中のア～ウの空欄に入れる語として最も適切なものをAか
らCまでの中から1つ選びなさい。ただし、それぞれの語は
1か所のみで用いるものとする。

月はいつも同じ面しか見えないが、これは月が ___ア___ している
からではない。不思議なことに、月の ___イ___ の速さと月が地球の
周りを回る ___ウ___ の速さがうまく噛み合って、月の同じ面が常に
地球に向くからである。

A. 公転　　　**B.** 自転　　　**C.** 静止

練習問題の正解＆解説

（1）F
「お金に変える」のだから、正解は、F．商業

（2）B
①2行目の「しかし」の前の文は肯定的な内容なので、後の部分は否
　定的な内容になり「問題は…無視された」になる。
②「そもそも貧困や人種差別はない」と「あるとしてもそれは個人の
　責任である」という文は二者択一の関係なのであるいはが正解。
よって正解は、B

（3）ア C　イ B　ウ A
ウは「月が地球の周りを回る」とあるので公転が入る。そうすると、
イは月の自転になる。アは消去法で静止が入る。
よって正解は、ア C　イ B　ウ A

07 空欄補充ー文

● 空欄に文を補充する問題は、WEBテスティングで出される。
● 問題文の内容、接続詞、助詞に注目して考えよう。

［例題］ 文中の空欄に入れる語句として最も適切なものをAからD
までの中から１つ選びなさい。　**WEBテスティング**

　味覚は味蕾（みらい）の中にある味の受容体によって感知される。
旨味の受容体はTAS1R１とTAS1R３という２つの遺伝子により作
られる。この２つの遺伝子はネコでも機能しているので、ネコは旨
味を感じているだろう。甘味の受容体はTAS1R２とTAS1R３とい
う遺伝子から作られるが、ネコではTAS1R２が壊れているので、
〔　　　　　〕。

A. ネコは苦いものでも食べることができる
B. 床に落ちたケーキをイヌは食べようとする
C. 角砂糖を見せてもネコはやって来ない
D. TAS1R1 が壊れているパンダは竹を食べる

　「ネコではTAS1R２が壊れているので」とあるので、空所にはそ
の結果生じたことを示す文が入る。「甘味の受容体はTAS1R２と
TAS1R３という遺伝子から作られる」とあるので、ネコのTAS1R
２が壊れてしまうと、その結果ネコは甘みを感じなくなる。ここか
ら考えられる正解は、C

THINKING...

　文中の空欄に入れる語句として最も適切なものをAからDまでの中から1つ選びなさい。

　蒸気機関車の出現によって、それまでとはけた違いに多くの多様な人々が同じ乗り物に乗り合わせることになった。汽車に乗るとき、未知の人との同席を楽しみにする人もいたが、上流階級は「卑しい」庶民はもちろん身元の知れない他人との同席も望まなかった。こうして〔　　　　〕、駅に新聞売場ができた。

A. 汽車は自由、平等、文明の象徴になり

B. 1等車、2等車は新聞を読む静かな場所になり

C. 混雑した3等車、4等車から陽気な会話が聞こえ

D. 目に見えない形の差別が生まれ

練習問題の正解&解説

B

上流階級は、他人との同席を望まず、1人ならば、その車両は静かな状態になる。「新聞売場ができた」ということも考え合わせると、正解は、B

08 文節整序

- 文章のつながりを見て、つなぎやすいところからつなぐ。
- つなぎ方のヒントは、
  「する」「した」「である」「だった」は名詞に続く。
  「を」は「する」「した」に続く。
  「が」は「する」「して」「した」「である」「であれば」「だった」に続く。

[例題1]　AからEまでの語句を空欄[1]から[5]に入れて意味の通る文を完成させたとき、[　]に当てはまるものはつぎのうちどれか。

テストセンター

玄武岩のマグマがすべて[1][2][3][4][5]と考えられている。
[2]に入るものを選びなさい。

A. 再び溶けてできたマグマが
B. 地下30kmあたりに残った
C. ゆっくり冷えて花崗岩になる
D. 地表に噴出するわけではなく
E. 玄武岩が地下の高熱と水によって

　「すべて…わけではなく」という部分否定の定型に着目して、最初はD。「地表に噴出するわけではな(い)」ので、B「地下30kmあたりに残った」と続く。文節整序の問題では「～した」は連体形がほとんどなので、「地下30kmあたりに残った」につながりやすい名詞を探すとE「玄武岩」。「高熱と水」があればA「溶ける」。最後にCをつないで全体を確認する。全体のつながりは、D－B－E－A－C。よって[2]に入るのは、B

[例題2]　つぎの文中のア～エの空欄にA～Dの語句を入れて文を
　　　　　完成させるとき、最も適切な組み合わせを答えなさい。

WEBテスティング

英国の歴史上、[ア][イ][ウ][エ]と語ったと言われている。

A. エリザベス1世は
B. 時代の国王である
C. 私はイギリスと結婚した
D. 最も繁栄を誇った

回答欄	A	B	C	D
ア	●	●	●	●
イ	●	●	●	●
ウ	●	●	●	●
エ	●	●	●	●

　まず、D「誇った」を連体形と見て、これに続く名詞を探すとA
「エリザベス1世」かB「時代」。Bの「国王である」もまず連体形
とみて、続く名詞を探すとA「エリザベス1世」。そこでD－B－
Aが決まる。A「エリザベス1世は」の述語を探すと、C「結婚し
た」でつながる。よって正解は、ア D　イ B　ウ A　エ C

練 習 問 題

(1)テストセンター／(2)WEBテスティング

(1)　AからEまでの語句を空欄[1]から[5]に入れて意味の通る文
　　を完成させたとき、[　]に当てはまるものはつぎのうちどれか。

　心臓を動かす[1][2][3][4][5]のがAED(自動体外式除細
動器)である。

　[4]に入るものを選びなさい。

A. 電気ショックを与えて
B. 電気信号がなにかの原因で乱れると
C. 心臓がけいれんし
D. それを正常な状態に戻す
E. 血液を送り出せなくなるが

（2）つぎの文中のア〜エの空欄にA〜Dの語句を入れて文を完成
させるとき、最も適切な組み合わせを答えなさい。

火星の北半球［ア］［イ］［ウ］［エ］ことができる。

A．標高２万メートルを超える
B．地表から天体望遠鏡で確認する
C．北緯17度にそびえ立つ
D．巨大なオリンポス山は

回答欄	A	B	C	D
ア	●	●	●	●
イ	●	●	●	●
ウ	●	●	●	●
エ	●	●	●	●

練習問題の正解＆解説

（1）A

「心臓を動かす」に続けて意味のわかる名詞を探すとB「電気信号」。
それが「乱れると」、C「心臓がけいれん」（する）かE「血液を送り
出せなくなる」のどちらか。因果関係を考えれば心臓がけいれんした
結果、血液が回らなくなるので、C−Eの順になる。残りのAとDが
A−Dの順になるのは明らか。全体のつながりは、B−C−E−A−
D。よって［4］に入るのは、A

（2）ア C　イ A　ウ D　エ B

文頭の「北半球」に最も関連性があるのはC「北緯17度」。「そびえ
立つ」は連体形と見て、つながるのはD「巨大なオリンポス山」。残
りはAとBだが、文末の「ことができる」にはB「確認する」のほう
が自然につながる。Aの「超える」は連体形と見て、つながる名詞を
探すとD「巨大なオリンポス山」。D「巨大なオリンポス山」にはA
もCもつながるが、Cの位置は文頭と関連性が強いため動かさないほ
うがよいのでAはその後になる。

09 三文完成

● 3つの文中にある同じ語句、関連する語句に注目する。
● 同じ語句や関連する語句がある選択肢が「第1候補」。

[例題] つぎの3つの文を完成させるためにAからEまでの中から
最もつながりのよいものを1つずつ選びなさい。ただし、
同じ選択肢を重複して使うことはありません。

WEBテスティング

1 オイルシェールとは原油の元となるケロジェンを含んだ岩石で
あり〔　　　〕。

2 夜の照明に使う灯油はクジラから得られる鯨油だった時期が長
かったが、〔　　　〕。

3 水圧破砕法によりシェールオイルを抽出する場合、〔　　　〕。

A. 産業革命以降、工業的に生産できるシェールオイルに取って
代わられた

B. 無酸素状態で約500℃に加熱し蒸発する気体を冷却する

C. 圧入される水に含まれる薬品が飲料水を汚染する危険がある

D. シェールオイルの生産は14世紀にすでに始まっていた

E. シェールオイルとはそこから抽出された原油である

同じ語句や関連語句が使われている選択肢に注意する。1は「オ
イルシェール」「原油」に着目すれば「シェールオイル」「原油」の
あるE。2は「クジラから得られる鯨油」に対して「工業的に生産
できるシェールオイル」のあるA。3は「水圧」に着目して「圧入
される水」のあるC。よって正解は、1 E　2 A　3 C

練　習　問　題　　　　　　　　　　　　　　　**WEBテスティング**

　つぎの３つの文を完成させるためにAからEまでの中から最もつながりのよいものを１つずつ選びなさい。ただし、同じ選択肢を重複して使うことはありません。

1　〔　　　　〕、体の各部が異なる速度で時には異なる方向に進化する。
2　〔　　　　〕、始祖鳥で初めて証明され、モザイク進化と名付けられた。
3　〔　　　　〕、体幹はアウストラロピスに似ているが、手や足にはホモ・サピエンスと共通点がある。

A. 人類は南アフリカで共存していた多様なヒト属の種の中から発生し
B. 進化の際に祖先の形質と進化した形質がモザイク状に混在することは
C. 時間的に祖先の種とその子孫の種との中間にある化石は
D. 南アフリカで発見された新種のヒト、ホモ・ナレディは
E. 生物の体は全体が一斉に同じように進化するのではなく

練習問題の正解＆解説

　1 E　　2 B　　3 D
1は「体の各部」「異なる」「進化する」に注目して、「体」「全体」「一斉に同じように」「進化する」のある**E**。2は「モザイク進化」に対して「進化」「モザイク状」のある**B**。3は「アウストラロピス」「ホモ・サピエンス」に対して「ヒト」「ホモ・ナレディ」のある**D**。

●テストセンターで出題されるタイプの問題。長文を30秒～1分で読み通し、1問30秒で解く。
●ペーパーテスティングも似たタイプだが長文のボリュームがあり、長文を2～3分で読み通し、1問30秒～1分で解く。
●わからない箇所があっても、そこにこだわらないことが大事。

[例題]　つぎの文章を読んで、設問に答えなさい。　**テストセンター**

　再生可能エネルギーとは、どこにでも存在して枯渇せずCO_2を出さないまたは増やさないエネルギーである。バイオ燃料は、化石燃料と異なり、植物や動物などの生物資源（バイオマス）を利用した燃料で、それによって発生するCO_2は、もともと生物に吸収されたものが大気中に出るだけなので、全体としてCO_2を増やさない、いわゆるカーボンニュートラルであるとされる。バイオ燃料は、廃棄食用油や家畜糞尿などの廃棄物を原料にできるので、廃棄物による環境負荷を削減でき、また太陽光発電や風力発電と比べて供給が安定しているという利点もある。しかし、第一世代のバイオ燃料は食用の穀物を用いて製造されるため、飢餓に苦しむ人々が世界で8億人以上いる現状では、社会的評価に疑問が残る。そのため近年では、間伐材、藁、有機廃棄物などの食用ではない〔　　　〕を用いる第二世代、微細藻類から炭化水素を製造する第三世代の開発が進んでいるが、そもそもバイオマスの収集や運搬に伴って発生するCO_2も含めるとバイオ燃料が本当にカーボンニュートラルかどうかははっきりしない。

（1）文中の空所〔　　　〕に入れるべきことばを、文中から5文字で抜き出しなさい。

（2）バイオ燃料の原料について文中で述べられていることと合致
　　するものは、つぎのうちどれか。

　　A．石油や石炭もバイオ燃料の原料になる
　　B．第一世代のバイオ燃料の原料は食べることができる
　　C．廃棄される食用油は第二世代のバイオ燃料の原料にできない
　　D．家畜糞尿は第三世代のバイオ燃料の原料になる

（3）文中で述べられていることと合致するものは、つぎのうちど
　　れか。当てはまるものをすべて選びなさい。

　　A．バイオ燃料は使用してもCO_2を排出しない
　　B．バイオ燃料は再生可能エネルギーの一種である
　　C．供給の安定性ではバイオ燃料は太陽光発電より優れている
　　D．バイオ燃料はカーボンニュートラルを達成している

（1）バイオマス
　「〔　　　〕を用いる第二世代（のバイオ燃料）」という表現から、
空欄にはバイオ燃料の原料が入る。そこで2行目「バイオ燃料は、
…植物や動物などの生物資源（バイオマス）を利用した燃料」とある
ことに注目する。

（2）B
Aは**合致しない**。
　2行目「バイオ燃料は、化石燃料と異なり」とある。
Bは**合致**する。
　9行目「第一世代のバイオ燃料は食用の穀物を用いて製造される」
　とある。
Cは**合致しない**。
　12行目「間伐材、藁、有機廃棄物などの食用ではない〔　　　〕

を用いる第二世代」とある。「廃棄される食用油」は「有機廃棄物」の一種なので、第二世代のバイオ燃料の原料にできる。

Dは**合致**しない。

13行目「微細藻類から炭化水素を製造する第三世代」とある。

（3）B、C

Aは**合致**しない。

2行目「バイオ燃料は…それによって発生するCO_2は、…大気中に出る」とある。

Bは**合致**する。

1行目「再生可能エネルギーとは…CO_2を…増やさないエネルギー」とあり、2～5行目「バイオ燃料は…CO_2を増やさない」とある。

Cは**合致**する。

6行目「バイオ燃料は…太陽光発電や風力発電と比べて供給が安定している…」とある。

Dは**合致**しない。

下から2行目「バイオ燃料が本当にカーボンニュートラルかどうかははっきりしない」とある。

CHECK!

11 長文総合問題②

●WEBテスティングで出題されるタイプの問題。

[例題] つぎの文章を読んで、設問に答えなさい。**WEBテスティング**

　産業革命以降、世界の人口は増加し、第2次大戦後、とくに途上国において工業化が進んで農業生産が減少し、深刻な食糧不足が発生すると予測された。これに対して1940年代から1960年代にかけてロックフェラー財団の援助で農業技術の革新が行われた。【　a　】これは、その土地の伝来の農法に代わり、高収量の品種の導入、化学肥料や農薬の使用、灌漑設備の整備や農業の機械化によって生産性を高める試みである。【　b　】これにより東南アジア、インドにおいては深刻な飢饉は回避され、「緑の革命」と呼ばれた。【　c　】そのうえ、灌漑に水が大量使用されたため地下水位の低下や塩害が発生した。【　d　】化学肥料を使った農地から一酸化二窒素やメタンのような温室効果ガスが排出されることもわかった。だが、いまだに世界で8億人に十分な食料がないといわれている。環境に悪影響を与えずに農業生産高を増やすには、新しい「緑の革命」が必要である。

（1）つぎの一文を挿入するのに最も適切な場所は文中の【　a　】～【　d　】のうちどこか。

　1980～90年代になると、「緑の革命」の効果は薄れ始め、生産量は伸び悩むようになった。

（2）文中下線の部分「緑の革命」と置き換えられることばを、文中から7文字以内で抜き出しなさい。

（3）文中に述べられていることから判断して、つぎのア、イの正誤を答えなさい。

ア 「緑の革命」により伝統的な農作物の収量も増加した

イ 化学肥料の使用は地球温暖化に影響を与える

A. アもイも正しい

B. アは正しいがイは誤り

C. アは誤りだがイは正しい

D. アもイも誤り

(1) c

　挿入文は「効果は薄れ始め、生産量は伸び悩む」という否定的消極的な内容。【 c 】の前までは「飢饉は回避され」という肯定的積極的内容だが、【 c 】の後は「地下水位の低下や塩害」という否定的消極的な内容に変わっている。また、【 c 】の後に「そのうえ」があるので、前に否定的消極的な内容の文があることがわかる。

(2) 農業技術の革新

　5〜8行目から「緑の革命」とは機械化などによって「生産性を高める試み」であることがわかるが、「生産性を高める試み」は字数オーバー。同じ意味で7文字以内のものを探すと4行目「農業技術の革新」がある。

(3) C

　アは誤り。5行目「その土地の伝来の農法に代わり、高収量の品種の導入…」とあるので、伝統的な農作物は作られなくなっていったと考えるのが自然。

　イは正しい。10行目「化学肥料を使った農地から一酸化二窒素やメタンのような温室効果ガスが排出される」とある。

　　　　　　　　　　よって正解は、C．アは誤りだがイは正しい

第4章

性格検査

1．性格検査とは

　性格検査は「性格」と「適応性」を判定する検査で、主に面接を効果的に行うための資料として利用されます。

　面接する側は短時間の面接で応募者の資質を見抜くのに苦慮しています。エントリーシートなどの書類に基づく質問は、応募者の本気度や質問に適切に応答する能力を確認することはできますが、人物の全体的な資質を判断する材料としては不十分です。これに対して、SPI3の性格検査は、応募者の「性格」や「適応性」について包括的なデータを提供するので、それを活用して応募者に効果的な質問をすれば、応募者の資質について効率的な評価ができます。

2．人事報告書 ―「面接官のいない面接」

　性格検査から作成されるSPI3の人事報告書には、応募者がどのような性格上の特質を持っており、どのような職務に向いているか、面接時にどのような点をチェックすべきか、そのためにはどのような質問をするとよいかなどが記されています。それを使って面接官は短時間で効果的な質問をすることができます。性格検査は「面接官のいない面接」と言ってもよいでしょう。

3．性格検査の構成

　性格検査は3部に分けて構成され、「性格特徴」・「職務適応性」・「組織適応性」を約300の質問で測定します。制限時間は、テストセンターで約30分、ペーパーテスティングで40分です。第1部と第3部は、AとBの反対の意味合いの記述があり、どちらに近いかを選びます。第2部は、記述は1つで、それについて当てはまるかどうかを選びます。

出題例 A〜Bの中から近いほうを選択するパターン

A	Aに近い	どちらかといえばAに近い	どちらかといえばBに近い	Bに近い	B
独自の発想を大切にするほうだ	○	○	○	○	常識や伝統を大切にするほうだ
理屈っぽいほうだ	○	○	○	○	情にもろいほうだ

出題例 1〜4の中から当てはまるものを選択するパターン

	1 当てはまらない	2 どちらかといえば当てはまらない	3 どちらかといえば当てはまる	4 当てはまる
人のためになることであれば苦労もいとわないほうだ	○	○	○	○
一貫性のあることを重視するほうだ	○	○	○	○

4．性格検査の得点

　性格検査には、Ⅰ．性格特徴(行動的側面、意欲的側面、情緒的側面、社会関係的側面)、Ⅱ．職務適応性、Ⅲ．組織適応性という6つの測定領域があります。

　性格特徴については、尺度ごとに20〜80点の得点で評価されます。ただし、能力検査とは異なり、高ければよいのではなく、高得点であればその傾向が強いということを意味するだけです。

　たとえば、社会関係的側面の「従順性」と「自己尊重性」は正反対の傾向ですから、従順性の得点が高ければ自己尊重性の得点が低い評価になるのが自然です。つまり、性格検査の評価は「高ければよい」「低いほどよい」という単純なものではなく、企業側がどのような傾向を好ましいと思っているか、どのような人材を求めているかによって変わります。

　職務適応性、組織適応性については5段階で評価されます。これも評価が高ければその職務や組織風土に適しているということを意味するだけですから、すべての項目において高得点になることはありえません。たとえば「結果重視風土」で得点が高ければ、「調和重視風土」で得点が低くなるという具合です。

5．性格検査の対策 — 性格検査はアンケートではない

　性格検査はアンケートではありません。性格検査の結果は面接の資料になるものですから、面接官からの質問と同様に回答する必要があります。SPI3の性格検査を受検するのは面接対策をしていない段階であることも考えられますが、そんな無防備な状態で受検すると、「人事用報告書」に面接でカバーしきれない結果が出てしまうおそれもあります。

　したがって性格検査を受検する前に、これからどんな会社に入ってどんな仕事をしていきたいのか、自分の目標やビジョンについて考えておく──つまり面接対策の基本を固める──必要があります。

性格検査には能力検査と同じように正答があるのでしょうか。その答えは、イイエでもあり、ハイでもあります。ほとんどの質問においては「正答はない」のですが、一部の質問には正答や逆に好ましくない回答があります。

◎ 正答と言えるものがある質問

例えば「すぐカッとなるほうだ」という質問に、「当てはまる」「どちらかというと当てはまる」と回答することは避けましょう。感情のコントロールができないのは問題視されます。「当てはまらない」がベストです。

また、「努力することが大切だ」に対して「当てはまらない」「どちらかというと当てはまらない」もNGでしょう。努力せずに仕事はできません。

このように、会社で多くの人たちとともに仕事をするうえで、しかも社会人１年生の立場で、その考え方や態度はあり得ない、あるいは当然だと思えるような質問には正答があると心得ましょう。これは性格の問題ではなく、社会で働くための心構えの問題です。

◎ 職種や組織風土に合わせて回答したい質問

秘書や人事の仕事を志望するならば、「補佐役が性に合っている」とか「気働きが苦にならない」の質問に「当てはまる」と回答するのは当然でしょう。もしそのような資質がないというのであれば、秘書や人事という仕事に適性がないということなので、希望職種を変更したほうがいいと言えます。

また、成果主義の徹底した企業に対して、「和やかな雰囲気の職場で働きたい」「情に流されやすいほうだ」に「当てはまる」はありえないでしょう。社風に合わないという理由で不合格になるおそれが大いにあります。自分の適性や志向に合った職種と組織風土の会社を選ぶことが大切です。

第4章 性格検査

◎ バランスの取れた回答が望まれる質問

　たとえば、「慎重派だ」という質問では、「当てはまる」とすれば「行動力や決断力に欠ける」と見られますし、「当てはまらない」とすれば「向こう見ずで思慮を欠く」と判断されるかもしれません。「慎重さ」のような性質は表裏一体という面があり、なくても困るが行き過ぎも差し障りがあるというものです。極端な回答ばかりにならないようにした方が賢明でしょう。

　このように、見方によっては美徳にも欠点にもなるようなものは、バランスよく回答することをお勧めします。

7．性格検査の答え方 — 少しだけ背伸びを

　このように見てくると、性格検査では嘘をつかないといけないのかと思われる人もいるかもしれません。それは違います。面接で友達どうしのようにすべての質問にバカ正直に答える人はいないでしょう。質問に対して少し背伸びした回答をするのではないでしょうか。性格検査もそれと同じことです。

　本当は人見知りするほうだという人も、人見知りをしていては仕事にならないこともあるのですから、これからは知らない人とでも話ができるようにならなければいけないという自覚が大切です。また、失敗するとくよくよ悩むほうだという人も、仕事には失敗は付きものと割り切って、反省して引きずらないようにする前向きな気持ちを持つべきです。

　仕事をするうえで支障となる性格は少しずつでも克服していこうとする心意気を持ちましょう。本音では、「人見知りするほうだ」「失敗するとくよくよ悩むほうだ」の質問に「当てはまる」と回答するのが正直な回答だとしても、これからの目標として「どちらかと言えば当てはまる」くらいにとどめておきましょう。

8．性格検査の重要ポイント ―「一貫性」が大事

　性格検査の質問項目は300程度あり、1問1問吟味して回答する余裕はありません。ですから、作為的に自分をよく見せようと回答しようとしても、どこかでボロが出ます。似通った質問に逆の回答をするなど、チグハグな回答でブレまくってしまうのが落ちです。

　実際に、SPI3の報告書の中には「応答態度に自分をよく見せようとする傾向がある」という評価が付くことがあります。この評価が付くと要注意と認識され、厳しい面接になると思われます。

　したがって、基本的には正直に、ただし社会人としての常識をもって、今後の目標である「少しだけ成長した自分」の立場で回答することが肝要です。そのために2・3年後の自分ならこう回答するというビジョンを描いておきましょう。

　そのビジョンに沿って回答していけば類似した質問で正反対の回答することはないはずです。数多くの質問に対して、その場その場で繕（つくろ）って回答していると一貫性に欠けてしまいますが、「少しだけ成長した私」の回答なら不自然なブレにはならないはずです。

　これから会社に入って仕事していくのだという覚悟から生まれる回答は、自分の未来予想図です。それも確実に実現したい未来予想図です。実現させたい自分像を描いて、性格検査に臨んでください。

　つぎに出題例を挙げてあるので、取り組んでみてください。

9．性格検査の出題例

　次ページから、性格検査（Ⅰ．性格特徴、Ⅱ．職務適応性、Ⅲ．組織適応性）の出題例を紹介します。左ページの質問項目に合わせて、右ページにその解説を掲載していますので、どのような感じで回答をすればよいか、把握しておきましょう。

＊Aは「Aに近い」。A'は「どちらかといえばAに近い」。
　B'は「どちらかといえばBに近い」。Bは「Bに近い」。
＊1は「当てはまらない」。2は「どちらかといえば当てはまらない」。
　3は「どちらかといえば当てはまる」。4は「当てはまる」。

(1)

	A	A'	B'	B	
多くの友人を作りたい	◯	◯	◯	◯	深く付き合える友人が いればいい
お節介なほうだ	◯	◯	◯	◯	素っ気ないほうだ

	1	2	3	4
人見知りするほうだ	◯	◯	◯	◯

(2)

	A	A'	B'	B	
考え込むことが多い	◯	◯	◯	◯	考え込むことは ほとんどない
問題を掘り下げて 考えるほうだ	◯	◯	◯	◯	問題の大枠を つかむほうだ

	1	2	3	4
あまり考えずに場当たり的に行動する	◯	◯	◯	◯

(3)

	A	A'	B'	B	
休日は家で過ごすこと が多い	◯	◯	◯	◯	休日は外出することが 多い
いつも動き回っている ほうだ	◯	◯	◯	◯	いつも考え事を しているほうだ

	1	2	3	4
一日中家で過ごすのも苦にならない	◯	◯	◯	◯

【解説】

（１）〜（５）〈※（４）と（５）の出題例は次ページ〉は**行動的側面**（日常の行動特徴として表面に表れやすく、周囲から観察しやすい側面）、例えば「社交的で行動力のあるタイプか」「思索的で粘り強いタイプか」などを測定します。

（１）社会的内向性（対人面での積極性、社交性）を測定します。

「Bに近い」、４「当てはまる」が、内向性が高い傾向を示す。

　内向性は問題にならない業種もありますが、一般的な企業では内向性が強いのは敬遠されるおそれがあります。志望する業界・業種の性質を理解しておきましょう。営業やサービス業などでは、外交的傾向が好まれます。

（２）内省性（ものごとを深く考えることを好む傾向）を測定します。

「Aに近い」、１「当てはまらない」が、内省性が高い。

　フットワークやスピード感が求められる職種はこの傾向が低いほうが、研究職などでは高いほうが評価されるでしょう。しかし、無謀や行動力の欠如を示唆するような極端な質問に対しては、偏らない回答がいいでしょう。

（３）身体活動性（体を動かし、気軽に行動することを好む傾向を測定します。

１問目では「Bに近い」、２問目では「Aに近い」、
３問目では１「当てはまらない」が、身体活動性が高い。

　この傾向が低いと「落ち着きがある」「思慮深い」という解釈もできますが、仕事をする以上どのような職種にしてもある程度の身体活動性は必要ですから、この尺度で極端に低い傾向になることは避けたほうが賢明でしょう。

＊Aは「Aに近い」。A'は「どちらかといえばAに近い」。
　B'は「どちらかといえばBに近い」。Bは「Bに近い」。
＊1は「当てはまらない」。2は「どちらかといえば当てはまらない」。
　3は「どちらかといえば当てはまる」。4は「当てはまる」。

(4)

	A	A'	B'	B	
何事も 要領よくやるほうだ	○	○	○	○	こつこつ努力 するほうだ
諦めが肝心だ	○	○	○	○	辛抱することが大切だ

	1	2	3	4
「継続は力なり」が私のモットーだ	○	○	○	○

(5)

	A	A'	B'	B	
時間をかけて 状況を読む	○	○	○	○	素早く状況の概略を つかむ
問題を掘り下げて 考えるほうだ	○	○	○	○	問題の大枠を つかむほうだ

	1	2	3	4
何事をするのにも地道に進めるほうだ	○	○	○	○

(6)

	A	A'	B'	B	
道を究めて 第一人者になりたい	○	○	○	○	自分らしい生き方が したい
高望みはしないほうだ	○	○	○	○	上昇志向が強いほうだ

	1	2	3	4
だれよりも高い成果を上げたい	○	○	○	○

（4）持続性（粘り強く、コツコツと頑張り抜く傾向）を測定します。

「Bに近い」、4「当てはまる」が、持続性が高い。

　努力や辛抱などは仕事をするうえで不可欠な要素ですが、この傾向が強すぎるのも切り替えの悪さや臨機応変の欠如にもつながりかねません。偏り過ぎないのが賢明でしょう。

（5）慎重性（先行きの見通しをつけながら、慎重に物事を進めようとする傾向）を測定します。

「Aに近い」、4「当てはまる」ほうが、慎重性が高い。

　前項と同様、この尺度も極端な回答は避けたほうが賢明でしょう。

　（6）と次ページの（7）は**意欲的側面**（目標の高さや活動エネルギーの大きさなど、いわゆる意欲に関する側面）、難問や競争的な場面に対峙するパワーをどの程度持っているかを測定します。

（6）達成意欲（大きな目標を持ち、第一人者になることに価値を置く傾向）を測定します。

1問目では「Aに近い」、2問目では「Bに近い」、
3問目は4「当てはまる」が、達成意欲が高い。

　上昇志向についてはあまり問題にしない企業もあるかもしれませんが、少なくとも目標は仕事をするには不可欠ですから、この尺度では高い傾向が望ましいでしょう。

＊Aは「Aに近い」。A'は「どちらかといえばAに近い」。
　B'は「どちらかといえばBに近い」。Bは「Bに近い」。
＊1は「当てはまらない」。2は「どちらかといえば当てはまらない」。
　3は「どちらかといえば当てはまる」。4は「当てはまる」。

（7）

	A	A'	B'	B	
決断は 慎重にするほうだ	◯	◯	◯	◯	決断は 思い切りするほうだ
考えたことは 必ず行動に移す	◯	◯	◯	◯	考えたことを行動に 移すとは限らない

	1	2	3	4
行動範囲が広いほうだ	◯	◯	◯	◯

（8）

	A	A'	B'	B	
細かいことにも 気になるほうだ	◯	◯	◯	◯	細かいことは 気にしないほうだ
周囲の人の反応が 気になる	◯	◯	◯	◯	人からどう思われるか は気にならない

	1	2	3	4
人の言動の意味を考え悩むことがある	◯	◯	◯	◯

（9）

	A	A'	B'	B	
心配事が多い	◯	◯	◯	◯	心配なことは ほとんどない
失敗しても 気にしないほうだ	◯	◯	◯	◯	失敗すると くよくよ悩むほうだ

	1	2	3	4
物事を悲観的に考えやすい	◯	◯	◯	◯

【解説】

（7）活動意欲（行動や判断が機敏で意欲的な傾向）を測定します。

> 1問目では「Bに近い」、2問目では「Aに近い」、
> 3問目は4「当てはまる」が、活動意欲が高い。

　前項と同様、機敏な行動や決断をあまり問題にしない企業もあるかもしれませんが、この項目が極端に低いと気力のない人と評価されるおそれもあるので、低くなるのは避けたほうがいいでしょう。

　（8）〜（13）は、**情緒的側面**（気持の動きの基本的な特徴を表す側面）を測定します。ストレスや失敗の受けとめ方や気持ちの整理の仕方など、行動に表れにくい内面的な気持ちの動きを示します。

（8）敏感性（神経質で、周囲に敏感な傾向）を測定します。

> 「Aに近い」、4「当てはまる」ほうが、敏感性が高い。

　周囲の出来事に敏感であることが必要なこともありますが、それがストレスになることを示唆する質問には注意が必要です。昨今は、ストレス耐性の高い人材が求められています。敏感性の傾向が強い人は、鈍感力を鍛えることも大切です。

（9）自責性（不安を感じたり、悲観的になったりしやすい傾向）を測定します。

> 1問目では「Aに近い」、2問目では「Bに近い」、
> 3問目では4「当てはまる」ほうが、自責性が高い。

　前項と同様、この傾向の高さはストレス耐性の低さにつながるので、回答では高くならないように心がけましょう。人間である以上、悲観的になることも当然ありますが、普段からプラス思考で問題の見方を変えることを試してみましょう。

第4章

性格検査

＊Aは「Aに近い」。A'は「どちらかといえばAに近い」。
　B'は「どちらかといえばBに近い」。Bは「Bに近い」。
＊1は「当てはまらない」。2は「どちらかといえば当てはまらない」。
　3は「どちらかといえば当てはまる」。4は「当てはまる」。

(10)

	A	A'	B'	B	
表情が豊かな人だと言われる	○	○	○	○	ポーカーフェースだと言われる

	1	2	3	4
機嫌がいいか悪いかが人から見てわかりやすい	○	○	○	○
感情の起伏が大きいほうだ	○	○	○	○

(11)

	A	A'	B'	B	
独自の発想を大切にする	○	○	○	○	常識や伝統を大切にする
人と同じことはしたくない	○	○	○	○	人と違うことはしたくない

	1	2	3	4
ユニークな存在でありたい	○	○	○	○

(12)

	A	A'	B'	B	
自分は無力だと感じる	○	○	○	○	自分は有能だと感じる
自信がなくても引き受けて挑戦する	○	○	○	○	うまくやる自信がなければ断る

	1	2	3	4
できるだけ人を頼らず自力でやりたい	○	○	○	○

（10）気分性（気分に左右されやすく、感情が表に表れやすい傾向）を測定します。

> 「Aに近い」、4「当てはまる」ほうが、気分性が高い。

　前項と同様、人間である以上、感情的になることも当然ありますが、ビジネスでは感情が表に出やすいというのは好ましくは思われません。この傾向はあまり強くならないように気を付けましょう。

（11）独自性（独自のものの見方・考え方を大切にする傾向）を測定します。

> 「Aに近い」、4「当てはまる」ほうが、独自性が高い。

　企画、開発などの職務や、創造重視風土の企業では、この傾向の高さが評価されるでしょう。

　ただし、一般的には、この傾向が高いと協調性に欠けると評価され、低いと自分がなく周囲に流されやすいと判断されるかもしれないので、あまり極端にならないほうがよいでしょう。

（12）自信性（自尊心の高さや強気な傾向）を測定します。

> 1問目では「Bに近い」、2問目では「Aに近い」、
> 3問目では4「当てはまる」ほうが、自信性が高い。

　一般的には自信がありすぎるのもなさすぎるのも要注意ですから、回答では極端にならないよう心がけたほうがいいでしょう。

　ただし、結果重視風土の企業であれば、この傾向の高さは評価されると思われます。

＊Aは「Aに近い」。A'は「どちらかといえばAに近い」。
　B'は「どちらかといえばBに近い」。Bは「Bに近い」。
＊1は「当てはまらない」。2は「どちらかといえば当てはまらない」。
　3は「どちらかといえば当てはまる」。4は「当てはまる」。

(13)

	A	A'	B'	B	
冗談やシャレを言うのが苦手だ	○	○	○	○	冗談やシャレを言うのが好きだ

	1	2	3	4
いつも場を盛り上げるほうだ	○	○	○	○
ノリがいいと言われる	○	○	○	○

(14)

	A	A'	B'	B	
他人の意見を尊重するほうだ	○	○	○	○	自分の意見をはっきり打ち出すほうだ
人の意見に合わせるほうだ	○	○	○	○	自分の意見にこだわるほうだ

	1	2	3	4
自己主張が強いほうだ	○	○	○	○

(15)

	A	A'	B'	B	
意見が対立したときは白黒つけようとする	○	○	○	○	対立が生じないように丸く収めようとする
自分の意見を曲げたくない	○	○	○	○	人と意見の対立を避けたい

	1	2	3	4
人と衝突しないように気を配るほうだ	○	○	○	○

(13) **高揚性（調子の良さや楽天的な傾向）を測定します。**

> 「Bに近い」、4「当てはまる」ほうが、高揚性が高い。

　この尺度の評価は社風によるところが大きいでしょう。ノリのいい人が堅苦しい職場で働くのは苦痛でしょうから、ここは正直でいいかもしれません。銀行、保険など秩序重視風土の企業や公務員でこの項目の高さが評価されないのは当然でしょう。

　(14)〜(18)は、**社会関係的側面**（人や組織との関わりの中で表れやすい特徴）を測定します。厳しい状況や困難な課題に直面したときに、周囲との関係の中でどのような行動をとりやすいかがわかります。

(14) **従順性（他人の意見に従う傾向）を測定します。**

> 「Aに近い」、1「当てはまらない」ほうが、従順性が高い。

　一般的には、自分の意見を持つことも他人の意見を取り入れることも必要なので、あまり極端にならないほうがいいでしょう。
ただし、企画、開発など独自性が評価される職種・業種ではこの尺度は低くても問題にならないですし、逆に命令順守が不可欠な組織ではこの尺度が高いほうが評価されます。

(15) **回避性（他人との対立やそのリスクを避ける傾向）を測定します。**

> 「Bに近い」、4「当てはまる」ほうが、回避性が高い。

　前項と同様、この傾向の高さは、志望する職務、業種、組織の性質により評価が変わります。後述の「職務適応性」の「協調協力」「サポート」適応に、また「組織適応性」の「調和重視風土」適応性に関連します。自己分析と企業研究をしっかりやっておきましょう。

＊Aは「Aに近い」。A'は「どちらかといえばAに近い」。
　B'は「どちらかといえばBに近い」。Bは「Bに近い」。
＊1は「当てはまらない」。2は「どちらかといえば当てはまらない」。
　3は「どちらかといえば当てはまる」。4は「当てはまる」。

(16)

	A	A'	B'	B	
相手が悪いと思えば容赦なく言うほうだ	◯	◯	◯	◯	相手が悪いと思っても何も言えない
人の問題点に気づけば指摘する	◯	◯	◯	◯	人の問題点に気づいても黙っている

	1	2	3	4
理屈の通らないことは認めないほうだ	◯	◯	◯	◯

(17)

	A	A'	B'	B	
相手がどう思うかが気になって言いたいことが言えないことがある	◯	◯	◯	◯	相手がどう思おうと自分の意見をはっきり言う

	1	2	3	4
人に相談せずに自分の考えで物事を決めるほうだ	◯	◯	◯	◯

(18)

	A	A'	B'	B	
周囲の人はたいてい私に好意的だ	◯	◯	◯	◯	私に対してよい印象を持つ人は少ない
気を付けないと人は私の弱みに付け込もうとしている	◯	◯	◯	◯	世の中は信頼のおける人のほうが多いものだ

	1	2	3	4
人付き合いはわずらわしい	◯	◯	◯	◯

（16）批判性（自分と異なる意見に対して批判的な傾向）を測定します。

> 「Aに近い」、4「当てはまる」ほうが、批判性が高い。

　仕事上の問題点に気づきながら放置するのは無責任ですから、この傾向が極度に低くなるのは問題です。しかし、問題点の指摘が他人への非難になってしまうとチームワークや協調性を乱すことになるので、この傾向が極端に高くなるのも避けたいものです。質問のニュアンスをくみ取りながら、バランスよく回答しましょう。

（17）自己尊重性（自分の考えに沿って物事を進める傾向）を測定します。

> 「Bに近い」、4「当てはまる」ほうが、自己尊重性が高い。

　これまでの項目と同様に、志望する職務、業種、組織の性質により評価が変わります。極端に高くなるのは一般的には避けたほうがいいですが、後述の「職務適応性」の「集団統率」「自律遂行」適応に、「組織適応性」の「結果重視風土」適応性に関連します。

（18）懐疑思考性（他人との間に距離を置こうとする傾向）を測定します。

> 1問目では「Bに近い」、2問目では「Aに近い」、
> 3問目では4「当てはまる」ほうが、懐疑思考性が高い。

　一般的には人を信用しない、距離を置こうとする傾向が強いのは、チームワークで仕事をするうえでは好ましくないものです。極端に高くならないようにしましょう。もっとも「自律遂行」や「問題分析」の求められる職務ではそれほど問題にならないかもしれません。

＊Aは「Aに近い」。A'は「どちらかといえばAに近い」。
　B'は「どちらかといえばBに近い」。Bは「Bに近い」。
＊1は「当てはまらない」。2は「どちらかといえば当てはまらない」。
　3は「どちらかといえば当てはまる」。4は「当てはまる」。

（1）

	A	A'	B'	B	
人と話すのが好きだ	○	○	○	○	人と話すのが億劫だ

	1	2	3	4
初めてあった人ともすぐ打ち解けられる	○	○	○	○

（2）

	A	A'	B'	B	
引き下がらない	○	○	○	○	人に譲る

	1	2	3	4
粘り強さには自信がある	○	○	○	○

（3）

	A	A'	B'	B	
メンバーとしてチームに貢献する	○	○	○	○	チームのリーダーを務める

	1	2	3	4
人を引っ張っていくのが得意だ	○	○	○	○

（4）

	A	A'	B'	B	
和を大切にしたい	○	○	○	○	合理性を大切にしたい

	1	2	3	4
周囲の人と歩調を合わせるほうだ	○	○	○	○

【解説】 さまざまな職務への適応性を測定します。

(1) 対人接触(多くの人と関わる仕事)への適応性を測定します。

「Aに近い」、4「当てはまる」ほうが、対人接触の職務適応性が高い。

　SPI3を実施するような企業では、多くの人と関わらない仕事はないと思っていたほうがいいでしょう。あまり低くならないように注意しましょう。

(2) 対人折衝(人と粘り強く交渉する仕事)への適応性を測定します。

「Aに近い」、4「当てはまる」ほうが、対人折衝の職務適応性が高い。

　どんな職務でも主張を通すべきところは通し、譲るべきところは譲ることが必要です。粘り強さも柔軟さもどちらも必要なので、この項目は現状を率直に回答して大過ないと思われます。

(3) 集団統率(リーダーとして集団を統率する仕事)への適応性を測定します。

「Bに近い」、4「当てはまる」ほうが、集団統率の職務適応性が高い。

　多くの企業ではチームで仕事をするので、リーダーが必要ですが、当然それを支えるメンバーも必要です。どちらも必要なので現状を率直に回答して問題ないと思われますが、この項目の評価は志望する企業がどのような人材を必要としているかに左右されます。企業研究をしっかり行っておきましょう。

(4) 協調協力(周囲と協調し協力しあってする仕事)への適応性を測定します。

「Aに近い」、4「当てはまる」ほうが、協調協力の職務適応性が高い。

　前項と同様、チームで仕事をする場合、協調性も独自性もどちらも必要なので率直に回答して支障ないでしょうが、この項目の評価は志望する企業がどのような人材を求めているかに左右されます。後述する「組織適応性」の「調和重視風土」の企業ではこの項目が高いと評価されるでしょう。企業研究をしっかりしておきましょう。

＊Aは「Aに近い」。A'は「どちらかといえばAに近い」。
　B'は「どちらかといえばBに近い」。Bは「Bに近い」。

＊1は「当てはまらない」。2は「どちらかといえば当てはまらない」。
　3は「どちらかといえば当てはまる」。4は「当てはまる」。

（5）

	A	A'	B'	B	
人をリードすることが好きだ	○	○	○	○	人をサポートすることが好きだ

	1	2	3	4
リーダーよりは補佐役があっている	○	○	○	○

（6）

	A	A'	B'	B	
考える前に行動する	○	○	○	○	行動する前にまず考える

	1	2	3	4
動きは敏捷なほうだ	○	○	○	○

（7）

	A	A'	B'	B	
多少粗くても迅速に物事を進める	○	○	○	○	ゆっくりでも確実に物事を進める

	1	2	3	4
てきぱきと物事を進めるほうだ	○	○	○	○

（8）

	A	A'	B'	B	
さまざまな変化に対処するのが好きだ	○	○	○	○	計画を着々と進めるのが好きだ

	1	2	3	4
その場で機転を利かせて対応するのが得意だ	○	○	○	○

（5）サポート(人に気を配りサポートする仕事)への適応性を測定します。

> 「Bに近い」、4「当てはまる」ほうが、サポートの職務適応性が高い。

（3）の「集団統率」と対照をなす項目ですが、リーダーもサポートもどちらも必要なので、この項目の評価は志望する企業がどのような人材を必要としているかに左右されます。企業研究をしっかり行っておきましょう。

（6）フットワーク(活動的に動いて進める仕事)への適応性を測定します。

> 「Aに近い」、4「当てはまる」ほうが、フットワークの職務適応性が高い。

営業、人脈作りが重要な職務、現場の把握が必要な職務などを志望する人には重要な適応性です。ただし、そのような職務でも慎重にすべき時もあるので、質問のニュアンスを理解して回答しましょう。

（7）スピーディー(てきぱきと素早く進めなければならない仕事)への適応性を測定します。

> 「Aに近い」、4「当てはまる」ほうが、スピーディーの職務適応性が高い。

経理や事務のうち定型的に処理できる業務や多くの顧客への素早い対応などへの適応性を示します。どの職務でもスピードを求められる部分はあるので、この項目は極端に低くならないように注意しましょう。

（8）予定外対応(突発的な出来事への対応力が必要な仕事)への適応性を測定します。

> 「Aに近い」、4「当てはまる」ほうが、予定外対応の職務適応性が高い。

予定外の出来事に対応するには相応の知識と経験が必要なので、この職務適応性が高い人は少ないかもしれません。極端に低くなければ問題はないでしょう。逆に、想定外の出来事に対処した経験のある人は、ここはアピールポイントになります。

＊Aは「Aに近い」。A'は「どちらかといえばAに近い」。
　B'は「どちらかといえばBに近い」。Bは「Bに近い」。
＊1は「当てはまらない」。2は「どちらかといえば当てはまらない」。
　3は「どちらかといえば当てはまる」。4は「当てはまる」。

（9）

	A	A'	B'	B	
自分の考えで進められる課題が好きだ	○	○	○	○	みなと意見を出し合いながら進める課題が好きだ
大丈夫だと思っても他人に確認してほしい	○	○	○	○	自分でできることは自分の責任で判断したい

	1	2	3	4
いままでたいていのことを自分で決めてきた	○	○	○	○

（10）

	A	A'	B'	B	
プレッシャーの高い状況は緊張感があって好きだ	○	○	○	○	プレッシャーの高い状況はできれば避けたい

	1	2	3	4
ちょっとしたことでも緊張しやすいほうだ	○	○	○	○

（11）

	A	A'	B'	B	
仕事をこつこつやるほうだ	○	○	○	○	仕事をてきぱきやるほうだ

	1	2	3	4
時間がかかっても着実に成果を出すほうだ	○	○	○	○

【解説】

（9）自律遂行（自発的に考えて自律的に進める仕事）への適応性を測定します。

> 1問目では「Aに近い」、2問目では「Bに近い」、
> 3問目では4「当てはまる」ほうが、自律遂行の職務適応性が高い。

　どのような職種でも自律遂行しなければならない仕事があるのでこの適応性は必要です。低くならないほうが望ましいでしょう。とくに、「組織適応性」の「結果重視風土」の企業においては重要なので、志望する企業をよく調べましょう。

（10）プレッシャー（目標や課題のプレッシャーが大きい仕事）への適応性を測定します。

> 「Aに近い」、1「当てはまらない」ほうが、プレッシャーの職務適応性が高い。

　プレッシャーのない仕事はないので、ここの適応性が低く出ないように注意する必要があります。

（11）着実持続（粘り強く着実に進めることが必要な仕事）への適応性を測定します。

> 「Aに近い」、4「当てはまる」ほうが、着実持続の職務適応性が高い。

　着実性はすべての職務に含まれている必要要素ですが、この項目を評価するかどうかは志望する企業がどのような人材を必要としているかに左右されます。企業研究をしっかり行っておきましょう。性格特徴の「持続性」とリンクしているので、矛盾しないように注意してください。

＊Aは「Aに近い」。A'は「どちらかといえばAに近い」。
　B'は「どちらかといえばBに近い」。Bは「Bに近い」。
＊1は「当てはまらない」。2は「どちらかといえば当てはまらない」。
　3は「どちらかといえば当てはまる」。4は「当てはまる」。

(12)

	A	A'	B'	B	
型破りな考えは好きになれない	○	○	○	○	型にはまった考えは好きになれない

	1	2	3	4
斬新な視点で物事を考えることが多い	○	○	○	○

(13)

	A	A'	B'	B	
まったく新しいものを作り上げる	○	○	○	○	既存のものを活用する

	1	2	3	4
新奇さを追い求めるほうだ	○	○	○	○

(14)

	A	A'	B'	B	
複雑な問題にじっくり取り組む	○	○	○	○	目の前にある課題をてきぱきとこなす

	1	2	3	4
分析的な思考力が求められる仕事がしたい	○	○	○	○

【解説】

（12）前例のない課題（全く新しい前例のない課題に取り組む仕事）への適応性を測定します。

> 「Bに近い」、4「当てはまる」ほうが、前例のない課題の職務適応性が高い。

　この項目の評価は志望する企業がどのような人材を求めているかに左右されます。後述する「組織適応性」の「創造重視風土」の企業ではこの項目が高いと評価されるでしょう。企業研究をしっかりしておきましょう。

（13）企画アイデア（新しい企画やアイデアを生み出す仕事）への適応性を測定します。

> 「Aに近い」、4「当てはまる」ほうが、企画アイデアの職務適応性が高い。

　前項とともに、商品開発、企画、広報などの職務、ゲームやイベント関連の企業では不可欠な適応性です。企業研究をしっかりしておきましょう。

（14）問題分析（複雑な問題を論理的に考え分析する仕事）への適応性を測定します。

> 「Aに近い」、4「当てはまる」ほうが、問題分析の職務適応性が高い。

　研究開発やコンサルタントを志望する人には不可欠な適応性でしょう。それ以外の人は現状を率直に回答して差支えないでしょう。

＊Aは「Aに近い」。A'は「どちらかといえばAに近い」。
　B'は「どちらかといえばBに近い」。Bは「Bに近い」。
＊1は「当てはまらない」。2は「どちらかといえば当てはまらない」。
　3は「どちらかといえば当てはまる」。4は「当てはまる」。

（1）

	A	A'	B'	B	
価値があると思ったことは人に何と言われてもやる	○	○	○	○	反対が多ければ早めに妥協する道を探る

	1	2	3	4
常識的な価値判断に縛られないほうだ	○	○	○	○

（2）（3）

	A	A'	B'	B	
和やかな雰囲気の職場で働きたい	○	○	○	○	競い合う風土の職場で働きたい
チームワークを第一に考える	○	○	○	○	成果を出すことを第一に考える

	1	2	3	4
だれよりも高い成果を出したい	○	○	○	○

（4）

	A	A'	B'	B	
きちんと手順を踏んで進める課題が好きだ	○	○	○	○	やり方を変えながら進める手順が好きだ

	1	2	3	4
きちんと順序よくしなければならない仕事が好きだ	○	○	○	○

【解説】　組織への適応のしやすさ、どのような組織になじみやすい
　　　　かを測定します。

（1）創造重視風土（新事業に挑戦し、積極的に革新していく企業風土。社員に対して失敗を恐れず挑戦することを奨励する傾向）への適応性を測定します。

「Aに近い」、4「当てはまる」ほうが、創造重視風土の組織適応性が高い。

　現代において創造を重視しない企業は生き残れません。将来性のある企業に就職したいならば、この項目が高いほうがマッチします。

（2）（3）結果重視風土（成果主義で、結果を重視する企業風土。社員に対して高い成果を求める傾向）か、調和重視風土（人の和を大切にする雰囲気の風土。社員に対してチームワークや協調性を求める傾向。）のどちらに適応性があるかを測定します。

「Aに近い」は、「調和重視風土」への適応性が高く、「Bに近い」ほうは「結果重視風土」への適応性が高い。4「当てはまる」ほうは、「結果重視風土」への適応性が高く、1「当てはまらない」ほうは、「調和重視風土」への適応性が高い。

　結果重視だけではブラック企業になってしまいますし、調和重視だけでは成長はないでしょう。それでもかまわないという少数派を除けば、どちらにも極端にならないのが無難でしょう。

（4）秩序重視風土（規律を厳格に守ることを重視する風土。社員に対して規律を守ることを求める傾向。）への適応性を測定します。

「Aに近い」、4「当てはまる」ほうが、秩序重視風土の組織適応性が高い。

　この項目の評価は志望する業種、企業によって変わります。銀行、保険、公務員などでは評価されるでしょうが、商社、広告、エンターテインメントなどでは低評価になるかもしれません。企業研究をしっかりやっておきましょう。

■ 表紙デザイン　　　伊藤まや(Isshiki)
■ イラスト　　　　　酒井由香里
■ 編集協力・DTP　　knowm

本書に関する正誤等の最新情報は、下記のアドレスで確認することができます。
https://www.seibidoshuppan.co.jp/support/

上記ＵＲＬに記載されていない箇所で正誤についてお気づきの場合は、書名・発行日・質問事項・ページ数・氏名・郵便番号・住所・ファクシミリ番号を明記の上、**郵送**または**ファクシミリで成美堂出版**までお問い合わせください。

　※電話でのお問い合わせはお受けできません。

　※本書の正誤に関するご質問以外にはお答えできません。また受検指導などは行っておりません。

　※ご質問の到着確認後、10日前後に回答を普通郵便またはファクシミリで発送いたします。

ご質問の受付期間は、2025年6月末到着分までとさせていただきます。ご了承ください。

文系学生向け SPI速習問題集 '26年版

2024年7月10日発行

編　著　成美堂出版編集部

発行者　深見公子

発行所　成美堂出版
　　　　　〒162-8445　東京都新宿区新小川町1-7
　　　　　電話(03)5206-8151　FAX(03)5206-8159

印　刷　広研印刷株式会社

©SEIBIDO SHPPAN 2024　PRINTED IN JAPAN

ISBN978-4-415-23829-6

落丁・乱丁などの不良本はお取り替えします

定価は表紙に表示してあります